最实用的面试宝典 最全面的经验解读

MIANSHI
X U E

文天行◎编著

面试学

三分靠能力 七分靠技巧

所有面试人必备的枕边书

中国华侨出版社

图书在版编目（CIP）数据

面试学：三分靠能力，七分靠技巧 / 文天行编著 .
一北京：中国华侨出版社，2011.4
ISBN 978-7-5113-1251-8

Ⅰ．①面… Ⅱ．①文… Ⅲ．①职业选择－基本知识
Ⅳ．①C913.2

中国版本图书馆 CIP 数据核字（2011）第 025406 号

●面试学

编　　著 / 文天行
责任编辑 / 文　心
责任校对 / 吕栋梁
装帧设计 / 天下书装
经　　销 / 新华书店
开　　本 / 710×1000 毫米 1/16　印张 /17.5　字数 /226 千字
印　　刷 / 北京忠信诚胶印厂
版　　次 / 2011 年 4 月第 1 版　2011 年 4 月第 1 次印刷
书　　号 / ISBN 978-7-5113-1251-8
定　　价 / 29.80 元

中国华侨出版社　北京市朝阳区静安里 26 号通成达大厦 3 层
邮编：100028
法律顾问：陈鹰律师事务所
编辑部：（010）64443056　64443979
发行部：（010）64443051　传真：（010）64439708
网　　址：www.oveaschin.com
E‐mail：oveaschin@sina.com

Preface 前言

　　近十年来，随着各大高校的不断扩招，每年都有大量的应届毕业生走上求职的道路，然而我国产业的发展与高校毕业生的激增似乎还没有很好地对接，表面的"人才过剩"现象由此出现，大量的应届毕业生求职受挫，"毕业即失业"成为了一种常态。越来越多的大学生无法给自己准确地定位，在待业中苦苦挣扎。

　　而另外一部分顺利找到工作的大学毕业生也并不幸运，他们虽然找到了工作，但是由于刚毕业时的迷茫，很多的工作和自己的愿望并不相符。因此，他们在工作一段时间之后，开始陷入职业停滞期，不得不离职，再次加入求职大军之中。短短的工作经历并不能为这些毕业生的求职带来很多的益处，他们依然要面临求职的困境。这两股力量使得求职市场始终处于旺季，"就业难"成为广大大学生心中无法磨灭的痛。

　　十几年的寒窗苦读为的就是在毕业的时候能够找到一份体面的、收入好的工作，然而现实的状况让不少大学生心寒。不仅仅是三流大学的毕业生，就是那些重点高校的大学生，高考时候的"状元"、"榜眼"和"探花"们也失去了刚考上大学时的光彩。大学生们个个都迫切希望能够冲破求职的障碍，获得一份满意的工作，为自己的人生打开另外一扇门，不再在人生的转折点上徘徊。那么，除了客观的求职环境无法改变以外，处在"待业"中的大学生们是否可以通过其他技巧来提高求职的成功率呢？

制作简历、投递简历，更重要的是面试的成功是获得工作之前必须要做的事情，这三个步骤看似简单，却都暗藏玄机。在这每一个环节当中都有很多需要求职者注意的地方，那正是玄机所在，也是求职制胜的所在。如果你能够在那些关键的问题上不出差错的话，那么在同等的条件下，你必然会成为受用人单位青睐的人，必然能够成为率先谋求到满意职位的人。

但是对于没有任何求职经验的大学生来说，这些玄机真的玄奥难测，因为他们根本不知道这其中到底包含着什么样的秘密。所以，他们需要过来人的指点。职业顾问是一个很好的选择，但是成本太高。对于大学生来说，最好的办法就是通过借鉴他人的求职经历来准备自己的求职。

本书针对制作简历、投递简历和面试三方面的内容，进行了详细解读。用事实向您讲述其中的玄机所在。如何制作一份优秀的简历，在第一时间赢得 HR 的眼球，从而获得面试的机会；如何投递简历，才能让您的简历成为有效简历；当您接到面试通知的时候，该做哪些准备；在面试的过程中需要注意什么问题；怎样与面试官进行对话；怎样才能获得面试官的好感；应届毕业生该怎样对待求职问题……这些求职者最关心的问题都在本书中有所呈现。

机会总是给有准备的人的。不要让自己的求职再盲目下去，不要让自己再在"待业"的痛苦中挣扎下去。阅读本书，让您的求职不再盲目，让您的求职建立在充足的准备之上。相信它可以帮助正处在迷茫时期的您重新找回求职的自信。

当然，求职的过程是千变万化的，本书所总结的内容只是一般的规律，并不能完全生搬硬套在您的每一场面试之中。所以，本书所能提供给您的只是一个参考。您在阅读本书的时候，要善于思考，善于总结，掌握适合自己的求职的方法和思路，这样本书的价值才能够得到体现，您的求职之路才会更加畅通。

Contents 目录

第一章
让简历帮你争取面试的机会　/1

简历就是门面，能否获得面试的机会，关键就看你的简历是否能给 HR 们留下一个深刻的印象。所以，学会制作一份让 HR 们喜欢的简历至关重要。为了不让自己的简历石沉大海，我们还必须选择恰当的简历投递方式。那么什么样的简历才是最受 HR 们欢迎的，怎样投递简历才能提高面试的成功率呢？在简历制作中又有哪些需要我们注意的问题呢？

Contents 目录

礼仪是个人修养的重要体现，它虽不在面试的内容之中，却对面试结果有重要的影响。一个人如果在面试中有失礼之处，首先就会给面试官留下一个非常差的印象，这将大大降低面试官对你的好感，即使在面试中表现良好，也会因为"首因效应"而难以赢得面试官的青睐。所以，面试之前，我们有必要了解面试中

Contents 目录

需要注意的礼仪。

第四章
摸透面试官的心理，让面试不再被动 /83

　　面试看起来是一个被动的过程，因为作为求职者，我们必须接受来自面试官的询问和考察，主动权则完全掌握在面试官的手中。然而事实上，我们却可以通过摸透面试官的心理，收回部分主动权。每个面试官都有各自不同的性格、特征和爱好，这决定了他们在面试中会采用不同的手段。只要我们能够掌握这些，就能够以有效的方式来应对，获得面试官的赏识。

Contents 目录

第七章
什么失误会让面试官决定淘汰你　/163

面试关乎自己的职业生涯，因此，我们每个人都试图让自己在面试中表现得完美，进而获得心仪的职位。然而，正是这种急功近利的心态，往往会造成我们在面试中出现失误。我们心中所设想的"完美"对于面试官来说未必就是完美，我们认为理所应当的举动在面试官看来却是不该有的举动。所以，在面试中，我们一定要杜绝那些会让我们被淘汰的失误出现。

Contents 目录

第十章
给应届毕业生的 9 条面试忠告 /237

应届毕业生是求职大军中的弱势群体，除了本身固有的工作经验欠缺等客观原因以外，求职市场对于应届毕业生的某些偏见，也是造成应届毕业生求职难的重要原因。所以，作为应届毕业生应该主动去了解如何才能应对应届毕业生求职难，如何才能突破求职的瓶颈，让自己顺利实现就业。

让简历帮你争取面试的机会

　　简历就是门面，能否获得面试的机会，关键就看你的简历是否能给 HR 们留下一个深刻的印象。所以，学会制作一份让 HR 们喜欢的简历至关重要。为了不让自己的简历石沉大海，我们还必须选择恰当的简历投递方式。那么什么样的简历才是最受 HR 们欢迎的，怎样投递简历才能提高面试的成功率呢？在简历制作中又有哪些需要我们注意的问题呢？

1. 不要考验 HR 的耐心

一位有多年工作经验的 HR 说："每场招聘会下来，都会收到几百上千份简历，而我们在整个招聘过程中，顶多会拿出一天时间筛选简历，很多时候是用半天。第一轮的删选过程很快，每份简历我们只看几个关键词，一般 10 至 20 秒就会看完一份简历，有时候简历看完了，连这个人是男是女都不知道。对于我们来说，如果一个应聘者能过了初选关，面试也就不远了。"

所谓简历，最重要的就是这个"简"字。记住，HR 没有多少时间来仔细阅读你的简历，别考验他的耐心。你厚厚的求职小册子只会让忙得晕头转向的他找不到重点，而产生厌烦心理，随手扔到垃圾桶里。

文莉是新闻传播学院毕业的，在大学期间，她多次在多家新闻单位实习，这让她在制作简历的时候有了丰富的资料，结果文莉的简历看起来像一本书一样。在她的简历中，除了个人信息、实习经历以及获奖情况以外，还有她在多家报社实习期间所发表的作品。

文莉之所以把这些东西都放进简历里，是因为她认为简历的内容越丰富越能够证明自己的能力。然而，这份如此"厚实"的简历却没能给她带来想要的结果，一直等了两周的时间，文莉也没有等来一个面试的通知。

无论我们有过多少值得骄傲的成绩、有多少不同寻常的经历，在简历中也不能全都罗列出来。HR 们在短暂的时间内，如果不能从我们的简历中看到他想要的内容，那么我们的简历就等于是白费。简历制作得过于冗长，会让人有不知所云的感觉，阅读者如堕云里雾里，难以从中找到我们想要表达的内容。

造成简历冗长的原因主要有以下几方面：

1. 过多的个人信息

个人信息很重要，但是也不能过于详细。对于 HR 们来说，他们需要知道的仅仅是你的姓名、性别、年龄以及联系方式等。身高、体重等涉及个人隐私的问题已经属于可有可无的信息了，那些把政治面貌、社会关系等无关紧要的信息放上去的简历就更加不可取了。当然，有些有特殊要求的职业除外。

2. 过多的自我评价

自我评价是个人对自己的一个客观的分析，不需要太长，只需要用简短的语言进行描述就好了。一些人在制作简历的时候，往往会根据申请职位的需求，在自我评价一栏中给自己做出不切实际的评价，甚至佐以证据。事实上，自我评价本身并没有太大的意义，企业会根据自己对事实的理解来评价一个应聘者的潜力。如果把大量的笔墨放在这上面，无疑是本末倒置。

3. 与申请无关的内容

一些大学生喜欢在制作简历的时候，将自己大学时候的课程和成绩罗列在简历上，以此来证明自己非常适合申请的职位。然而这么做完全是多此一举。每一个专业的学生所开设的课程都是一样的，HR 们对此有一个基本的理解，不需要我们来赘述。罗列成绩就更加可笑了：在大学时的奖惩情况，已经足以说明问题，无需在此重复。

4. 空洞的内容

很多内容空洞无物，不需要放在简历之中。比如说，在技能一栏中，很多人会将熟练使用 office 写进简历当中，事实上，熟练使用 of-

fice 几乎是每个人都必备的技能，无需在简历中做特别的说明。

还有一些人非常注重自己的实习经历和工作经验，所以，在这一栏中，很多人不仅会将自己的所有工作经历都放进去，还会详细地将自己的工作岗位、工作内容以及工作成绩写出来。事实上，一份优良的简历，最多需要三次实习或工作经历，在顺序安排上，应将离现在最近的工作经历排在前面。过多地罗列自己的工作经历会让人觉得你是一个不稳定的人。

5. 过多的教育经历

一些人在学历中将自己从小学到大学的所有经历都写出来，这完全是没有必要的。在学历教育方面，只需要将自己接受的最高学历罗列出来即可。当然，如果你是研究生毕业，也可以将自己的本科教育写上。至于受过的一些技能培训课程，如果和所申请的职位有关的话，可以适当地加上，其他的就没有必要放在上面。

简历就是简单地介绍自己的经历。为了让 HR 们在有限的十几秒钟的时间内大致了解我们，我们必须尽量缩短简历。通常情况下，一份好的简历都是控制在一页半以内的，大致包含以下六个内容：求职意向、基本信息、学业成绩描述、社会实践、校园工作经历以及其他一些简短的有关个人特点的信息，如兴趣爱好、职业发展规划等。

2. 你的简历能体现出你的核心优势吗

能否在简历中体现自己的核心优势关系到是否可以获得面试机会。一份可以体现出核心优势的简历可以给人留下深刻的印象，否则你的简历将会湮没在众多的简历中，被随手丢进垃圾桶。

小丽从家乡辞职来到了上海。本以为凭借着自己 4 年的商务助理工作经验可以顺利地找到一份好工作，然而，几十份简历投出去之后，没有任何回应。小丽有点儿坐不住了，她找到职业顾问，请她帮自己看看自己的简历到底出了什么问题。

小丽的简历足足有七八页，除了简历正文的两页以外，剩下的全部是五花八门的证书复印件。在正文里除了她的个人信息以外，剩下的都是一些空空洞洞的东西。这样的简历让招聘者抓不住重点，也看不出来她到底有什么优势；五花八门的证书，反而让人感觉她缺乏专业知识。

简历是求职者的门面。在没有见到求职者本人之前，招聘者只能通过简历来了解求职者，所以，在简历中我们一定要将自己的优势体现出来，只有这样，才能给招聘者留下印象，从而获得面试的机会。那么，在简历的制作过程中该如何突出自己的核心优势呢？

一些求职者出于想让招聘者全面了解自己的目的，往往会在简历中将自己的全部信息都罗列上去。然而，这种"全面"的简历却不是招聘者所需要的，因为他们根本没有时间看完简历。即使他们有时间、能看完，对于我们这种流水账式的简历也不会有任何印象，因为他们难以从中提取有效的信息。当我们过分地在简历中凸显自己能干的时候，往往把自己的优势也掩盖住了。所以，要制作有所偏重地突出自己优势的简历，能够让招聘者在第一时间对我们产生好感。

陈晓宇如今在一家国有银行里上班。当年他在求职的时候就非常顺利地接到了面试通知，这都是他的简历的功劳。在制作简历的时候，陈晓宇借鉴了很多同学的简历，发现很多同学的简历都比较繁琐。他认为这样的简历并不好，于是在制作自己的简历时，只弄了两张纸：在第一页上，他将自己的姓名、专业、通讯方式以及照片放了上去，在其余的部分，陈晓宇没有事无巨细地全都写上，而是重点突出了自己的创造能力和组织能力。正是这份简单明了的简历让陈晓宇很快得到了面试的机会。

那么，在我们的简历中，哪些内容才能够体现自己的核心优势呢？

1. 成绩。骄人的成绩是你优秀的最佳凭证，因此，在简历中你应该详细地描述自己所取得的成绩。在成绩描述的过程中，不能只注重成绩这个结果，还要将取得成绩的行动描写出来，以便让 HR 看到你的确能够给他们带来莫大的收益。除此之外，最好能用数字、百分比和时间等可以量化的手段进行描述，这样，你的成绩会显得真实可靠。

2. 能力。能力是工作的需求，这方面的内容自然是非常重要，在描写这方面的内容的时候，要对自己各方面的能力进行归纳和汇总，重要的是要扬长避短，与申请职位紧密结合，这样，你的能力描述就更加能够迎合 HR 的需求。

3. 工作经历。工作经历也就是工作经验，这在求职的过程中非常重要，因此，你必须丰富工作经历的内容。无论是有偿的，还是无偿的；全职的，还是兼职的，在保证真实的情况下，都可以写上去。在组织这方面的内容时，要从最近的工作纪录写起，逐渐往前写。当然，工作经历不能写成流水账，一定要注意描述工作的性质、业绩和成果，这才能使你的工作经历更加完善，更加能够体现出你的能力。

4. 工作技能。工作技能是从事一项工作的基础，因此，你必须在自己的简历中精准地进行体现。工作技能体现在方方面面，比如，你所取得的各种资格证书，你过往所取得的成绩等等。重要的是，在工作技能的描述上，你必须选择一个标准且这个标准要与你所申请的职位有关。以此为准绳，你就可以选择恰当的、能证明自己的工作技能的内容进行充实。

5. 嘉奖。嘉奖是对你的一种肯定，它可以证明你是一个绝对优秀的人，无论是你在学校所取得的奖励和荣誉，还是在工作的过程中得到的嘉奖都可以说明问题。所以，在简历中，你应该在这方面着墨颇多才行。在嘉奖描述方面，不仅要将自己所获得的奖励和荣誉描述出来，还要对奖励和荣誉进行一定的诠释，这样可以向 HR 说明此奖项是你资历的重要证明，突出此嘉奖与你所求职务的相关性。

3. 简历最不可缺的内容：用人单位最关心什么

很多人在制作简历的时候，往往会套用别人的模板。这是简历制作的一个大忌，因为别人的模板并不一定能适合你，毕竟每个人是不同的。所以，在制作简历的时候，要根据自己的信息来进行选择。在填写信息的时候，该写什么内容，不该写什么内容，不应该由我们决定，而应该由我们所应聘的单位和岗位决定：用人单位希望看到什么内容，我们就写些什么内容。

用人单位在招聘时对应聘者所提出的要求是用人单位摆在明面上想要的东西，这些内容自然是应该体现在我们的简历之中。然而除此之外，还有一些隐形的需求，这些需求需要我们站在 HR 的角度去思考才能知道。比如，在基本信息上面，就有很多值得玩味的内容。基本信息如果全部罗列清楚，大概有二十多项，这二十多项我们当然不可能都放进自己的简历之中，那么我们该如何取舍呢？只能根据用人单位的需求来取舍。

某文化出版公司招聘一名发行人员，在他们收到的简历中，出现了这么一份让人啼笑皆非的简历。在这份简历中，求职者将自己的个人信息进行了详细的描述，除了必要的姓名、年龄等信息以外，他还写上了自己的民族、籍贯、政治面貌、宗教信仰等等完全没有必要的内容。尤其是其中的民族和宗教信仰让这家公司的 HR 实在无法接受，他始终想不明白，这与工作有什么关系，那个应聘者为何会把这样的信息放在上面。

在不同的简历模板中，基本信息这一项的内容都是不一样的，我们在制作简历的时候，切不可盲目地按照模板填写信息，因为那会让我们闹出笑话。事实上，无论是哪家公司，对于个人信息的要求都是很简单的，除非有特殊说明的，比如有些工作比较注重个人形象，可能会让我们把个人的照片放在上面。

企业招聘最关心的无非是三个方面的内容。第一，你有没有能力胜任这份工作？第二，你要多少薪酬？第三，你能做多久？这其中，第一个问题是最重要的，也是唯一可以体现在简历之中的。任何单位都不可能养闲人，没有能力的人只能远远地走开。所以，在我们的简历中，我们应该根据岗位对个人能力的要求来填写自己的信息。

通常情况下，在招聘启事中都会对这一方面进行详细的规定，在我们的简历中，必须要包含所有的企业的要求。招聘启事中的规定一般包括，学历、专业以及工作技能等，这是 HR 在看简历的时候最重视的内容，所以在我们的简历中，必须进行全方位的展示。当然，还有一些单位会对户籍等做出限制，比如做销售工作的时候，考虑到本地人比较容易与人沟通，所以限招本地人。面对有这些特殊规定的单位，我们千万不能忘了在自己的简历中加上这方面的内容。

除此之外，我们还应该从岗位本身出发，在自己的简历中加上岗位需要而在招聘启事中没有明确规定的内容。通常情况下，企业的招聘启事不会太详细，有很多岗位需要的信息并没有体现在招聘启事中。这当然并不代表他们不关注这方面的内容，所以，我们需要根据自己的理解，进行适当的添补。

比如说，你要去应聘总经理助理，就可以注明自己会开车，毕竟很多老总经常会开自己的车出门，但是有时候太累了，需要有人代驾。你作为助理，要是会开车，关键时候就帮得上忙了。又如你要去应聘一名信息管理员，若是所做工作需要经常打字，那你就可以注明自己的打字速度。要是你在这方面有优势，HR 看到你的简历时，很可能会眼前一亮，优先安排你去面试。

其实，说白了，用人单位的需求就是对我们个人能力的需求，只是不同的单位和岗位需求不同而已。在我们的简历中，我们应该根据单位的需求突出自己某一方面的能力，只有这样才能增加简历投递成功的可能性。

通过模板制作简历并没有什么不可，只是在利用模板的时候，不能生搬硬套，而应该根据自己所应聘单位的需求进行适当的修改。如果想要增加简历投递成功的几率，最好能够多准备几份不同的简历，因为不同的单位、不同的岗位对于简历的要求也是不同的。我们最好能够根据自己心仪的单位和岗位，量身定做简历。

4. 你忽略了网络简历的个性化吗

通过电子邮件发送简历方便快捷，已经成为求职者首选的投递简历的方式。据统计，规模较大的企业一般每周要接收 500 份至 1000 份电子简历。海量的简历让 HR 们应接不暇，他们处理这些简历的办法只能是大量地删除。调查显示，通过电子邮件发送的简历，80% 在管理者浏览不到 30 秒种后就被删除了。

在不得不使用电子简历、而电子简历的成功率又越来越低的情况下，求职者唯一的应对办法就是让自己的电子简历充满个性。在海量的电子简历铺天盖地地涌向 HR 们的时候，唯一能让他们在半分钟之内产生兴趣的简历就是那些充满个性的简历。那么，我们究竟要怎样才能让自己的电子简历充满个性呢？

贾涛是学习计算机专业的。在求职的时候，贾涛别出心裁，利用自己的专长制作了一份漂亮的简历网页。所谓简历网页就是将自己的简历制作成一个网站，在这个网站里，有贾涛的详细信息。不仅如此，贾涛还在这个网站上设置了一些关键的超链接，只要鼠标轻轻一点，HR 们就可以轻易地看到贾涛的大学成绩以及曾经在一些专业的期刊上发表过的专业论文。贾涛别出心裁地将厚厚的纸质简历变成了简单的网页形式，而且还能在这个网页中放入更多关于自己的信息。

贾涛的特殊"简历"让不少的 HR 心仪，他们从来没有尝试过通过这样的方式来了解一个求职者。

电子简历模板的出现造成了电子简历的千篇一律，这让很多 HR 们出现了审美疲劳。当这样一份别出心裁的简历出现在他们面前时，怎能不让他们眼前一亮呢？个性化的电子简历绝对可以让我们在这个求职网络化的年代脱颖而出。

在电子邮件式的简历泛滥的今天，如果你还在为了提高投递简历的成功率而海量地投放简历，那么你就 out 了：在个性化的年代，电子邮件式的简历也需要个性；与其大量投放千篇一律的简历，不如做一份有个性的简历去吸引 HR 的注意。那么，我们该怎样进行简历的创新呢？

1. 从招聘企业出发进行创新

在简历中出现与招聘企业相关的要素可以吸引 HR 的注意力，引起他们的情感共鸣，这些要素传递的信息可以极大地加深 HR 对简历主人的认同感和亲切感。对于出现了与企业相关的要素的简历，HR 们决不会随后把它扔掉，而会对简历的主人产生浓厚的兴趣，迫切有一种想要见一见他的欲望。

一位同学应聘神奇制药公司，他的简历就是为这家公司量身定做的，不仅在形式上与该企业挂钩，在内容上也多处凸显企业要素。形式上，这名同学把简历做成了神奇制药新产品说明书；内容上，他把新产品、企业标识、企业名称、企业识别色等企业 VI 系统元素与自己的个人情况进行了有机的结合。

对于 HR 来说，那些与企业相关的元素比之千篇一律的自我介绍要有吸引力得多，只要能够将这些要素与自己相联系，那么这些元素就可以为我们所用。所以，在制作电子简历的时候，一定要深入分析所应聘的企业，将自己以合适的形式与企业联系在一起，这样，我们的简历就会从众多的简历中脱颖而出。

2. 从应聘的岗位出发进行创新

不同的岗位需要应聘者具有不同的职业技能和职业修养，如果我们能在简历中表现出我们符合岗位要求，具备从事该工作的能力、水平和职业意识的话，那么，我们的简历一定会受到 HR 的关注。

一位同学应聘某房地产开发公司的策划专员，于是他把自己的简历做成了一份楼盘预售公告——一份售楼书。对于房地产公司而言，策划专员这个岗位的应聘者必须具备创新能力，富有创造性思维，而这位同学正好将自己的简历做成了楼盘预售公告——一份售楼书，充分展现了他在这方面的能力。

简历虽然是介绍自己的一种方式，但是只要我们肯动脑筋，一样可以根据岗位的要求做出个性化的简历，通过制作简历的方式向用人单位展现自己的能力。

3. 从专业出发进行创新

现代大学教育进行的是专业教育，每个专业都有其各自的特点。在应聘的时候，我们也可以根据这一点来做自己的简历，把简历当作展现自己专业能力的载体，用专业知识打动 HR 的心吧。

一位同学是会计专业毕业的，在应聘某公司的财务人员的时候，他就把自己的求职简历做成了一份会计报表中的资金平衡表，用报表的形式将自己介绍给用人单位。会计报表是会计专业人员最主要的专业技能，这位同学将简历做成报表的形式，HR 肯定不会怀疑他的专业水准。这种与专业挂钩的简历肯定能让 HR 耳目一新。

简历是传递信息的有效手段。当千篇一律的简历麻痹了 HR 们的视觉神经时，正是我们简历创新的好时机；只要我们能够对自己的简历进行创新，用新颖的手法将有关自己的信息传递出去，我们就算是成功了。

5. 如何在简历中淡化你的职业"空白"

职业"空白期"是很多人都会遇到的：当别人都在忙着工作的时候，你却在埋头苦读准备考研，结果却名落孙山；在激烈的职场竞争中，刚刚步入职场的你屡次受到单位的冷遇，结果赋闲在家。无论是主观的、还是客观的原因，职业空白期总是难以避免，据调查显示，80%的求职者曾经有过职业"空白"的经历。

过长时间的职业"空白"会对求职造成不良的影响，因为职业"空白"会影响 HR 对求职者的职业经历及能力的评估和印象，所以，几乎所有的 HR 对于职业"空白"都会追根究底。如果我们无法给出合理的解释，那么，必然会让自己的求职变得困难重重。

王伟去年毕业。由于就业形势严峻、就业压力增大，王伟草草之下应聘了一家不是很好的单位；两个月之后，王伟就从该公司辞职。之后的时间里，王伟一直在家，直到今年的 4 月份，他才重新出来找工作。然而，令他没想到的是，他短暂的职业经历和长时间的职业"空白"所形成的鲜明对比成了阻碍他求职成功的绊脚石，几乎每家单位都会对他的职业"空白期"进行提问，无言以答的王伟丧失了多次机会。

如果一个人有较长时间的职业"空白期"，那么就不能不引起 HR 的怀疑，因为一个优秀的人是不可能有那么长时间的职业"空白期"的。无论怎么样，HR 们肯定会将职业"空白期"产生的原因归结到我们的身上，要么是我们工作能力低下，要么是我们性格孤僻，无法融入到企业中。

为了避免求职时碰到这种尴尬的情况，一些人会选择在自己的求职简历中掩盖职业"空白"。这听起来似乎是一个不错的办法，但是事实上这是最拙劣的一种办法，在有经验的 HR 面前，任何掩盖方式都是无效的：他们完全可以通过我们在简历中所提供的地址和电话进行验证，一旦被他们发现我们说谎，那么，我们的形象就会大打折扣。谁会聘用一个诚信缺失的人呢？那么，我们究竟该怎样在简历中淡化我们的职业"空白"呢？

1. 诚实是最好的战术

说谎不可取，那就只能用诚实来应对，在简历上老老实实地写明自己的职业"空白"。事实上，职业"空白期"也并非就那么可怕；如果你的职业空白期并不是很长，通常情况下，用人单位是不会过问的，但是对于那些长期的职业"空白"，你就必须做出合理的解释了。当然，我们的解释不能让 HR 们认为是因为我们缺乏工作能力而造成职业"空白"，而是要重点向他阐述这一段时间的职业空白对于以后的职业规划的重要价值。

如果你是职场新人，那么职业"空白"对你来说并不是那么可怕，因为刚刚步入职场的人对于自己的职场还没有明确的规划。如果上一份工作恰好和目前正在申请的职位不同，那么你就可以这样解释：我发现上一份工作并不适合我，所以就辞职离开；在相当长的一段时间里，我都在思考自己的职场规划，直到想明白了什么才是真正适合我的，我才来到贵公司。

如果是客观原因造成的职场"空白"，那么你大可以直接讲明，通常情况下，他们不会因此而拒录你。

总之，我们不能以说谎的方式在简历中隐藏自己的职业空白期。

2. 以优异的业绩转移 HR 的注意力

对于 HR 们来说，他们所关注的并不是职场"空白"本身，而是职场空白"对于应聘者的影响：长时间的"空白"往往会造成很多应聘者在短时间内无法完全适应职场生活，或者是造成应聘者职业技能降低。所以，在求职简历中，我们应当重点突出自己的技能，以优异的业绩来证明自己的工作能力；如果 HR 们被你的职业能力所吸引的话，他们对于你的职业"空白"就会看得很淡了。

3. 防患于未然

职业"空白期"虽然在一定程度上会给求职者造成一定的影响，但是凡事有利有弊，在这一段"空白"时期，虽然不能步入职场，但是也可以为自己将来步入职场做准备，那就是为自己充电。如果你能够利用职业"空白期"进行充电，那么在将来的求职简历中，我们就有东西可以填补在"空白期"中了。

无论是什么原因造成的职业"空白"，都不应该让这一段时间白白浪费，否则在将来的求职中，就真的会出现负面的影响。总之，职场

"空白"并不可怕，只要我们应对有方，职场"空白"不仅不会对我们将来的求职造成负面影响，反而能够为我们带来好处。

6. 你是弱势求职者吗

应届毕业生是求职大军中最弱势的一个群体：在校园中成长起来的大学生们还没有经历过社会的历练，没有任何经验可谈，这让他们在找工作时困难重重。作为一个弱势求职者，如何增加自己求职的砝码，争取求职的成功，是所有应届大学毕业生应该思考的问题。

对于应届大学生来说，写简历是一件非常令人头疼的事情：由于缺乏社会经验，他们的简历总是显得非常单薄，没有实质性的内容，让用人单位无法从简历中看到他们需要的信息，这是应届大学生求职难的一个重要原因。

何瑞是一名普通的大学生，在校期间一直是默默无闻。等到毕业时大家都在做简历了，他却发了愁，因为他实在想不出自己有什么东西可以写在简历中。别的同学要么是积极参加各种活动和社会实践的人，要么是一心只读圣贤书、学习成绩非常好、多次获得奖学金的人，而他两种都不是，毕业之后，除了薄薄的一张毕业证，他什么也没有。他琢磨了一整天，除了个人信息之外，到底也没有找到任何能证明自己的东西可以写在上面。

招聘单位最重视的社会实践和工作经验对于应届毕业生来说是个老大难的问题，因为除了实习以外，大学生几乎是没有任何工作经验的，但是又不能让自己的简历非常空洞。为了增加简历的"厚度"，增加能够打动招聘单位的内容，一些应届大学生本着"东方不亮西方亮"的态度，将发生在自己身上的和应聘岗位有关的、无关的内容都写了上去，搞得一份简历像一本厚厚的书。

然而，招聘单位对于这些是没有兴趣的，我们费心费力做出来的东西对于他们来说毫无价值，因为他们不可能花很多时间从我们厚厚的简历中提取需要的信息。所以，应届大学生在做简历的时候不应该把增加简历的"厚度"视为有效途径，以免适得其反。事实上，所有的招聘单位都知道应届大学生是不可能拿出有着丰富内容的简历的；如果我们的简历过厚，那反而说明我们的简历中有太多的废话。

简历是将自己推销给用人单位的工具：只要你的简历让用人单位感觉适销对路，那就算是成功了，而简历本身内容的多少并不重要。所以，应届大学生在做简历的时候要考虑的不是如何增加简历的内容，而应该是研究用人单位的要求，并据此制做出合适的简历。然而，缺乏工作经验对于应届毕业生来说是不争的事实，那么，在制作简历时应如何弥补这一缺陷、让用人单位看到自己的能力呢？

1. 教育背景。通常情况下，在教育背景中只需要将自己的大学写出来就可以了，但是对于应届毕业生来说，这相对来说少了一些，所以在这一项当中，可以将相关课程写进去。当然，相关课程也不能啰哩啰嗦，要注意和用人单位的岗位要求相匹配，挑选那么几个写上就行了。

2. 奖学金。对于大学生来说，最能证明自己没有虚度大学时光的，莫过于奖学金了；如果你曾经得到过奖学金，那么就把自己的奖学金写进去吧，这会为你的简历加分的。

3. 证书。证书对于现在的大学生来说绝对是不陌生的，因为在大学里，考证是一项重要的活动。很多老师都会向学生灌输这样一个观点：多考证书，证书考得越多，将来找工作越有利。于是很多大学生在校期间以考证为重点，在毕业的时候除了毕业证以外，还有一大堆证书，什么英语四六级、小语种、驾照、计算机证书以及各种技能证书。无论这些证书本身有多大的含金量，最起码还可以证明自己的能力。所以，证书也是应届毕业生简历中必不可少的一项内容。

在添加这一项的时候还要注意一点，那就是不能把你所取得的所有证书都写上去。有些和应聘职位无关的证书对于用人单位来说是没有任何价值的，最好根据职位的需求，有选择性地将一些证书罗列上去即可。

4. 社团活动和社会实践。工作经验缺乏始终是应届大学生的一大劣势，所以在这一点上，应该尽量地加以充实。对于大学生来说，社会经验无非有三处来源，一是大学里社团和学生会的各种活动；二是暑期工经历；三是实习。这些虽然看起来是微不足道的，但是对于用人单位来说，他们还是非常看重的，毕竟应届大学生没有任何真正的社会经验，有这些经历起码可以告诉用人单位：自己确确实实曾经接触过社会，比之其他没有任何社会经验的大学生来说，还是有一定优势的。

应届大学生作为弱势求职者，在求职中一定要学会不放过一丝的优势，在简历中要最大限度地凸显出自己的优势。我们不奢望超越那些职场精英，但起码能够在众多的应届大学生中脱颖而出。

7. 优秀的简历也会被"毙"的 n 种理由

一封封优秀的简历石沉大海，让很多优秀的人才丈二和尚摸不着头脑，他们不明白自己这么优秀，为什么就是没有人愿意聘用自己呢？

互联网技术的发展使得投简历又简单又快捷。对于求职者来说，投简历就是家常便饭，很多人一天之内都能投出去几十封甚至上百封简历。在多如牛毛的简历中，优秀的简历被毙掉一点儿都不稀奇。那么通常情况下，优秀的简历被毙掉的原因有哪些呢？

1. 邮件标题平淡无奇，甚至简单到形同废话

在现在的就业形势下，任何一个岗位都有很多人应聘，所以，HR的邮箱里每天都塞满了大量的简历。试想一下，每天面对那么多的简历，HR可能把每一封简历都认真地看一遍吗？他只能大略地浏览一下，那些能够给他留下印象的自然就成为了幸运儿，而那些他认为平淡无奇的自然也就被鼠标轻轻一点——删除！

浏览邮件最先看到的自然是标题，哪个标题写得好，他自然就先看哪个。所以，发邮件的时候标题非常重要，如果你不能写出一个新颖别致、很有特色的标题，那么你的简历很有可能在还没有进入HR的法眼之前就已经光荣牺牲了，这样的牺牲恐怕是最冤枉的。

孟飞刚刚大学毕业。在大学时成绩优异的孟飞非常自信，在他看来，求职是一件非常简单的事情。在向一些单位发出简历的时候，他的邮件标题统统是一个样式：应聘XX岗位某某大学孟飞。这种毫无特色的邮件标题成了他求职的重大障碍，几乎没有一个收到其简历的单位会给他回复。

求职者千万不要再以为"酒香不怕巷子深"；在面对众多选择的时候，谁也不会为了一个千里马而折腰。你不把投简历当回事儿，HR自然也不会把你当回事儿。

2. 以附件的形式投递简历

为了防止收到一些垃圾邮件或者是病毒邮件，HR的邮箱往往会设置邮件自动分类，而通常情况下，附件因为有可能会含有病毒，往往被当成垃圾邮件。如果哪个人的简历是这样被毙掉的，那真是冤死了。再者说，即使对方不把附件当作垃圾邮件，他们往往也会先选择查看正常

的文本，因为附件需要下载，他们每天那么忙碌，是没有太多的时间查看下载的。

所以，在投简历的时候，除非对方有明确的要求，否则一律以正文的形势发送过去就对了。当然，用正文进行发送的时候，往往会因为复制、粘贴的过程导致简历变得扭曲，影响美观。这个时候，就需要你对其进行调整，直到达到美观为止。

3. 求职意向不明确

一些求职者由于刚刚步入职场，对于职业生涯没有任何规划，导致求职意向不明确，感觉自己这也能做、那也能做，为了最大限度地争取到岗位，结果在简历中把所有的求职意向都罗列进去了。其实这种做法是相当愚笨的。大多数的公司在招聘的时候都会招聘很多岗位，因此，HR 往往会根据求职者的求职意向，将所有简历进行分类，而这种模棱两可的简历让他们无法进行分类，他们只能将你的简历直接 pass 掉。

千万不要认为自己非常优秀，HR 非录取你不可。他们没有那么多的闲工夫根据你的简历来确定你适合什么样的工作，你想让他帮你拿主意，那你就只能等着被 pass。再说，一个求职意向不明的人，在他们眼中根本就是一个可有可无的人，因为他们要招的是具有专业能力的人，而不是一个勤杂工。

所以，在投简历的时候，一定要先将招聘单位的招聘启事看清楚，选择其中的一个岗位进行投递。千万不要自以为聪明，用自己的理解来代替招聘单位的要求。实际上，很多岗位的性质相近，名称也相似；如果你大而化之，笼统地来写的话，肯定是不行的。比如说，仅仅是编辑这个岗位，就有策划编辑、责任编辑、执行编辑、文字编辑等。

4. 文件名称太笼统

对于那些要求以附件的形式发送简历的公司，在发送简历的时候，一定要注意文件名不能太笼统，否则很有可能石沉大海。很多人在用附件发送简历的时候，直接在文件名中打上了"简历"二字，这实在是太笼统了。HR要接收那么多的简历，他怎么能够清楚地分辨哪一个是哪一个？如果HR们再懒一点儿，在接收的时候，很有可能就用你的"简历"把别人的"简历"覆盖掉，紧接着，你的"简历"也不幸地被另一份"简历"覆盖掉。

关注制作和发送简历的细节刻不容缓，千万不要让自己的优秀的简历糊里糊涂地成为"牺牲品"。

8. 你是"海投族"吗

应届大学毕业生由于缺乏工作经验，对自身的职业没有长期的规划，再加上就业形势严峻，不得不选择"普遍撒网，重点捕捞"的方式来求职，成为了"海投族"。而网络求职的发展更是为他们成为"海投族"提供了方便。

孟杰在大学的时候读的就是冷门专业，而且他所就读的学校又没有任何竞争优势，"毕业等于失业"活生生地在他的身上上演。在几场招聘会上遛达了一圈儿之后，孟杰彻底放弃了：那些招聘会上的招聘，几乎无一例外地要求重点大学，或者是研究生学历。为了尽快找到工作，他开始尝试在网上找工作，每天都在网上投出大量的简历，有的时候，甚至连招聘的岗位都没看，就直接投了简历，等到招聘单位打来电话的时候，他甚至不知道对方是在招什么职位。

现在，很多大学生都是通过网络找工作，几乎每天一起床，就坐到电脑旁边，大量地投放简历，他们希望通过增加简历投放数量的方式来增加成功的几率。然而，"海投"族真的能如愿以偿地找到心仪的工作吗？当然不能，这种盲目地投简历的方式根本不会增加成功的可能性。

首先，我们向一家公司投简历，起码要知道对方是什么公司，具体是做什么的，对于岗位的要求等等，然而，"海投族"根本不理会这些，直接把简历投过去，等到对方打电话过来的时候，反而反问对方是什么公司，招聘什么岗位，具体的位置在哪里？这很容易给对方留下非常不好的印象。其次，由于"海投族"在投简历的时候并不关注对方是什么公司，招聘什么岗位，所以，往往会把简历投到一些根本就不适合自己的岗位上，即使能够接到面试通知，最终还是会无功而返。再次，"海投族"通过网络中介投简历，往往是一份简历走天下：无论对方是什么公司，就是一份标准的简历。这样没有个性的简历往往难以引起招聘单位的兴趣。

现代社会的求职渠道越来越多，通常可以归为三类：招聘会、网络和平面媒体。无论是通过哪一种渠道求职，切记不能做"海投族"。找工作要根据自己的能力选择适合自己的公司，然后制作一份有针对性的简历，这样才能提高成功的几率。只有通过这种方法找到的工作才是符合自己将来的职业发展、对自己的职场生涯有利的工作。

招聘会

招聘会是招聘单位和求职者面对面进行的招聘活动，其最大的优势是求职者能够面对面地和招聘单位进行沟通，这样有利于求职者了解到更多有关信息，也为求职者投放简历提供一个依据。当然，在招聘会进行招聘，通常都是招聘有工作经验的人，对于应届毕业生来说，在大型招聘会上找到合适的工作并不容易。所以，求职者在招聘会上投放简历时要注意以下两点：

1. 寻找对工作经验要求相对较低或无明确经验要求的职位。注明要求3—5年工作经验、有丰富业内资源的职位门槛太高，趁早放弃为好。

2. 利用招聘会现场的有利条件，与招聘人员积极沟通。想方设法了解企业的情况、某个岗位的具体职责、招聘要求等。在投递简历前可向招聘人员询问是否接收应届毕业生，然后对照自身条件、职业目标考虑有无投递的必要。

网络

现在很多企业热衷于在网上进行招聘，求职者也乐于在网上找工作。通过网络招聘和应聘对于招聘和求职双方最大的好处就是成本降低、方便快捷。然而，由于双方无法进行即时的沟通，求职者只能通过网络了解招聘单位。在漫天的招聘信息中，求职者很难找到适合自己的职位。所以，通过网络求职，最重要的就是进行信息的筛选，过滤掉那些无用的信息。

1. 有针对性地挑选网站。知名招聘网站的"校园招聘"频道、各地的高校毕业生就业服务网站、高校网站的"招生就业"频道、企业网站的"人才招聘"频道等，适合毕业生的岗位相对集中。

2. 仔细过滤、筛选信息。网上的职位信息十分庞杂，要学会利用职位搜索器等工具过滤、筛选出自己的目标行业、目标职位。投递简历前，还要特别留心职位信息的有效期，滤去那些失效信息。

3. 选择合适的方式投递简历。找到了合适的职位信息后，投递简历时也要注意方法，最好按照企业要求的方式进行投递。有些公司会在网上公布格式统一的职位申请表，要求填写后发送；还有的公司不希望应聘者用附件形式发简历等等。按照要求在有效期限内投递简历，将会较为顺利地进入筛选程序。

平面媒体

现在很多平面媒体承载了发布招聘信息的功能，在很多平面媒体上都可以看到招聘信息。事实上，平面媒体的招聘和网络媒体非常相似，对于求职者来说，最大的问题就是上面的信息五花八门，难保其中没有欺诈性的信息，所以，求职者在通过平面媒体应聘的时候，一定要注意信息的识别。当看中某一职位的时候，先不要忙着将简历发过去，最好先通过网络对该公司进行调查，有了充分的了解之后再说投简历的事情。

越是在就业困难的时候，越是不能够做"海投族"；只有结合自身的优势，精准地搜索招聘信息，为自己量身打造优秀的简历，才能够在不乐观的就业形势下，快速找到合适的工作。

9. 你选择的求职时机是不是最有利

求职是否顺利、能否成功，这不仅与个人能力有关，还和求职的时机有关。选择一个好的时机，往往能够帮助你找到一份满意的工作。统计数据表明，每年的上半年的 3、4 月份和下半年的 9、10 月份就是求职的高峰期。在这几个月里，各路求职人员纷纷开始加入求职大军，蜂拥而至的求职大军使得求职市场呈现出饱和、甚至过剩的状态。

虽然每年到这个时候，招聘的单位和岗位也大幅度增加，但是这种增加完全赶不上求职人数的增加，所以，这几个月是求职竞争最激烈的时期。在这几个月的时间里求职就等于是千军万马挤独木桥，想要在这种状况下找到一份工作已然是不太容易，要找到一份满意的工作则更是难上加难。

王凡是大四的学生，在上学期参加了为期半年的实习之后，他开始加入到找工作的队伍当中。这个时候正是求职的旺季，大多数的应届毕业生都开始在这个时候找工作，王凡觉得凭借自己的能力和实习时的出色表现，想要找到一份合适的工作应该不成问题，但是大量的简历投放出去之后，还是没能找到合适的工作。虽然有些单位给了他面试的机会，但是由于没有工作经验，最终还是被对方拒绝。

现在大多数的单位在招聘的时候都很实际，也就是他们不愿意浪费时间和金钱在培养员工身上，所以他们在招聘的时候往往非常看中求职者的工作经历，有相关工作经验的人到了工作岗位上就直接可以为他们工作。尤其是在求职旺季，他们对于这方面的要求就更加苛刻。由于大量的求职者迫切需要找到工作，招聘单位有了更多的选择，在这种情况下，应届大学生几乎没有任何竞争优势。

在求职旺季找工作需要个人能力非常突出，而且必须要有能够证明自己的个人能力的东西，否则即使你个人认为自己能力突出，也难以在那种情况下找到满意的工作。在求职旺季，由于找工作的难度加大，很多求职者对于工作本身的要求逐渐走低，也不管工作适不适合自己就去应聘，结果干不了多长时间就不愿意干了，这样的求职显然是没有太大的意义的。所以，假如你并非优秀到非你莫属的程度，那就不妨适当地避开求职的高峰期，尝试着在求职淡季找工作，相信会有更好的结果。

也许有人会说，在求职淡季，求职市场则会显得相对冷淡，招聘单位大量减少，这种惨淡的情况似乎不利于求职。然而反过来想，伴随着招聘单位的减少，求职者的热情逐渐退却，求职人数也在大幅度下降。所以，在淡季的时候，求职者所面临的求职压力相对来说小很多，在这种情况下，求职者可以好整以暇，慢慢地寻找自己想要的工作。

毕业后一直待业在家的黄明，在年末的时候突然准备去找份工作，旁人都劝他说，年末的时候招聘的很少，工作不好找。但是黄明认为越是在年末的时候工作越是好找，因为年末的竞争很小。

黄明在网上投了几份简历之后就在家等消息，两天以后就有一家公司给他打电话，让他去参加面试。在面试的过程中，黄明感觉到对方非常希望自己留下来，但是他对公司的待遇并不满意，所以还是拒绝了。接连面试几家之后，黄明有一种当家做主的感觉，因为他每次面试时，对方都表现得非常热切。最终两周之后，黄明找到了一份专业对口的工作。

淡季的时候虽然参与招聘的公司大幅度减少，但是凡是参与招聘的都是人力资源真正短缺的公司，这个时候去应聘往往成功率很高。再加上，淡季求职时很多职场的精英人士都已经有了稳定的工作，他们不会参与到求职当中来；少了这些人的竞争，想要找到一份合适的工作将变得相对简单。

求职选对时机非常重要，同样的工作在不同的时机去应聘，结果肯定是不一样的。在求职高峰期去应聘就等于去吃自助餐，虽然种类齐全、菜肴丰盛，但是想杀出重围，从那么多人中抢到自己想要的，需要你具备与他人竞争的绝对优势；而在淡季求职就等于几个人一起吃大锅饭，虽然种类不多，但是人人有份儿。所以，如果我们在求职大军中并不具备绝对优势的话，最好还是避开求职的高峰期，到淡季去寻找合适自己的工作。

10. 用 E-mail 发送简历要懂的基本规则

当你坐在电脑旁边，向招聘单位发送一封封简历的时候，你是否意识到自己的简历发送有不对的地方，而这些不对的地方正是造成你的简历石沉大海的主要原因？通过 E-mail 发送简单快捷，但在这简单的过程中，却有着很多规则；如果你忽略了这一点，那么你的简历将会湮没在众多的电子简历当中。所以，作为求职者，在通过 E-mail 发送简历之前，一定要知道其中的规则，只有这样才能保证你的电子简历更加有效。

1. 邮箱的选择

邮箱是简历发送的载体，选择一个好的邮箱才能够让简历迅速发出，让招聘单位易于接受。现在免费的邮箱越来越多，然而并不是每一个邮箱都适合用来发送简历；邮箱选用不好，可能导致我们的简历不受重视。

晓雯大学快要毕业了，和其他同学一样，她也在忙着在网上投送简历，但一直对网络不太熟悉的她并没有用邮箱的习惯，所以一直都没有申请其他邮箱，只有一个 QQ 邮箱在使用。一段时间下来，其他同学多多少少都得到了一些单位的回复，唯独晓雯从来没有收到过回信。这让晓雯很苦恼，她不明白为何自己就没有得到回复。

其实，问题就出在晓雯使用的邮箱上。QQ 这个即时通讯软件用户量虽大，但它的主体用户群一直以青少年为主，并不具备成熟性、专业性。作为附属于其上的 QQ 邮箱也一样不被用于商务交流，只用于私人邮件往来。晓雯用 QQ 邮箱发送简历让招聘单位把晓雯看成是一个稚气未退的人，不具备进入工作岗位的能力。

那么，在邮箱的选择上应该注意哪些问题呢？

首先，在给招聘单位发送简历的时候，要用自己的私人邮箱，切不可使用学校、单位的公共邮箱。公共邮箱是很多人共用的，不具备私密性，招聘单位给我们发回来的回复很有可能会被删除掉，所以，一定要使用私人邮箱。

其次，选择稳定性高、可靠性高的邮箱。现在大多数的邮箱几乎都是免费的，但这些免费邮箱中有的稳定性和可靠性不高，可能导致我们发送的简历或者是招聘单位的回信在传送的过程中丢失。

再次，邮箱的 ID 要显得专业、成熟且职业化。作为一个求职者，一定要给用人单位留下成熟、稳重的感觉，而 ID 是招聘单位接收到你的邮件之时最先看到的内容，如果你的 ID 还是那种哗众取宠、标新立异、不切实际的名字的话，那你离失败就走进了一步。

2. 纯文本发送

在招聘单位没有特殊要求的情况下，千万不能以附件形式发送简历，因为那很有可能会让你的简历在没有见到天日之前就被删除。纯文本格式对于简历的美观有一定的影响，但是通过手动调整，一样可以使纯文本简历变得漂亮、美观。

首先，注意页边距的设置。纯文本简历的宽度通常应该设置为 16 厘米左右，这样会使简历整体看起来都不会错误换行。

其次，尽量采用大字号的字体。

再次，用一些特殊的符号分隔简历的内容会让简历看起来与众不同。

当然，招聘单位最重视的并不是简历的格式，而是简历的内容，所以在简历的内容上下功夫最重要。

3. 如果以附件形式发送简历，切记不要让正文部分空白，最好以一封求职信填充。以附件形式发送简历，HR 就不可能在第一时间看到简历的内容，在这种情况下，简历本身就不具备在第一时间给 HR 留下深刻印象的功能。此时，求职信就可以发挥作用：一封简短的求职信，可以让 HR 在下载简历的时候对你有一个初步的了解，这将会让你的简历变得与众不同。

4. 申请职位要清晰明了

有时，我们面对同一家招聘单位，可能会想申请两个以上的职位，在这种情况下，有些人可能会选择比较省事的方法，直接发送一份简历，在一份简历中写明所有想要申请的职位。这种办法是不可取的。我们并不清楚各个公司筛选简历的方式，为了增加简历投递成功的可能性，最好针对申请职位的不同，制作两份不同的简历，同时发送过去。

5. 简历中不能出现错别字和语法错误

制作纸质简历的时候，求职者往往会非常细心，认真地检查简历的内容中是否有最低级的错别字或语法错误。而通过 E-mail 发送简历的时候，求职者往往会忽略这一点，因为在很多人看来，招聘单位对于 E-mail 不会那样较真，他们注重的是求职者的工作经历和工作能力。

然而事实上，无论是纸质简历还是电子简历，招聘单位对于在简历中出现错别字和语法错误的现象都是不能容忍的。在他们看来，一个在简历中都会出错的人，在工作中一定也是不细心，这样的人肯定是难以做好工作的。

有备而来,你只有一次机会

　　面试是一个不容有任何差错的过程，因为我们只有一次机会，一旦错过，就永远找不回来。所以当我们如愿以偿地获得面试机会的时候，一定要做好充足的准备，让自己以最佳的状态和最完美的表现赢得面试官的赏识，最终获得工作机会。古人说："凡事预则立，不预则废。"面试之前，做好精心的准备，为面试成功加力吧。

1. 为男士赢得机会的面试着装

面试是决定你能否得到理想工作的重要环节，所以，必须想方设法在面试中给考官留下一个好印象。除了要有好的口才、专业素养以外，着装打扮也变得非常重要。合适的"面试装"能为我们的面试有效加分。当我们敲门进入办公室的那一瞬间，我们的着装已经让考官形成了对我们的初步印象，而这个第一印象对于接下来的面试至关重要，因为第一印象总是会深深地影响考官对于我们的判断。

对于刚刚步入社会的大学生来说，面试着装是一个非常讲究的事情，也有很多大学生在这一环节投入了大量的金钱和资金，但是，投入了并不等于有收获，因为谁都不清楚所要面试的公司究竟希望我们穿什么样的衣服去参加面试。对于男士来说，最稳妥的面试着装当然是成套的西服，其中包括：西装、衬衫、领带、腰带、皮鞋和公文包。这种正式的着装适合大多数的工作岗位，比如咨询公司和银行的各类职位、市场与销售职位等。

1. 西装

男生应该选择裁剪良好、款式经典的西服套装，切忌太过前卫的设计。颜色以黑色、灰色、深蓝为宜，并且最好是纯色的，不要有大格子、大条纹什么的，这些在宴会上比较合适，但不适用于面试。衣服的面料最好是比较易于打理又不易变形的。

2. 衬衫

要选用面料挺、好一点的衬衫。白色的长袖衬衫是上上之选，永远都不会错。别的颜色的衬衫当然也可以，但是不如白色那么正式，并且要注意和西装的颜色搭配是否合适。短袖的衬衫太过休闲，不予推荐。

3. 领带

领带宜选用保守一些的。传统的条纹、几何图案和佩斯利螺旋花纹都很不错。还要注意和西装、衬衫颜色的协调性。

4. 皮鞋

在面试前把鞋子擦干净并且上些鞋油，确信鞋子是完好的。光亮的鞋子能够表现出你专业的做事风格以及良好的职业素养。如果你鞋子的鞋底有一个洞的话，会留下非常负面的影响。要注意鞋子的颜色和套装相配，黑色是个很好的选择。

穿正装进行面试，最重要的是要注意搭配问题；如果搭配不当，穿正装会让人有一种不伦不类的感觉。在正装的搭配中，最重要的是颜色的搭配，全身上下不超过三种颜色是一个基本要求，至于怎样进行颜色搭配好看，那就见仁见智了。

正装在面试中虽然很重要，但是也不能包打天下；如果你在那些并不需要穿正装的面试中穿正装面试，反而会坏事。所以，面试选择着装的时候，最好是根据所要面试公司的特点以及职业特点来选择。如果我们所要面试的是一份比较严谨的职业，且大多数的从业人员都是穿正装上班的话，面试的时候，我们最好穿正装；如果我们所面试的公司和职业相对来说比较自由和宽松的话，最好选择一些休闲的服装去面试。

某高校毕业生高森去一家网络公司应聘编辑工作，没想到却吃了闭门羹。对方给出的理由是高森对该公司和工作本身缺乏足够的了解，原因就是高森前去面试的时候穿着一身正装。对此，高森很不理解。

当高森接到这家公司的面试通知时，特意花 1000 块钱买了一身正装，这对于家境并不富裕的他来说是一笔不小的开支。但是为了能够在面试中给考官留下好印象，高森不得不这么做。可是事实令他瞠目结舌，他的特意准备最后弄巧成拙。

该网络公司认为，他们公司是一个文化氛围浓厚、比较崇尚自由和轻松的公司，而从高森的穿着打扮可以看出，他是一个比较严肃的人，和公司的文化氛围不协调。

每个公司都有自己的企业文化，员工的着装一般与企业文化有很大的关系，所以，在面试之前我们最好能够深入地了解该公司，只有这样我们才不至于在面试的环节因为着装问题而失败。

2. 为女士增加幸运指数的面试着装

男士的着装相对简单，无论是正装还是休闲装都只有那么几种，而女士的着装则繁复多变，从款式到搭配可谓变化万千。然而，在面试的时候，女士的着装必须要将各种变化化繁为简，以朴素自然为第一要义。如果将那些奢华、前卫的打扮带入到面试的场合中，那么将极有可能会因为着装不当而失去机会。

秋婷是一个非常时尚的人，而且从外形上看，她绝对是属于那种花瓶儿类型的。在大学里她就特别爱打扮自己，经常穿一些非常前卫的衣服。毕业之后，她去一家国企应聘行政助理的工作。在面试的时候，她穿着一身超火辣的衣服前去，让人感觉妖艳十足。考官见到她的第一眼就开始皱眉头，直到整个面试结束，考官都没有给她展露过一个笑容。最终，秋婷没能得到这个职位。

任何一家公司在招聘的时候都不希望招来一个花瓶儿，摆在公司里供着。作为一个职业女性，必须有职业女性的特点。无论你以前有多么的时尚、前卫，在面试的时候都必须穿上得体的职业装束。那么，女性在面试的时候要注意哪些呢？

1. 服装的选择

女性的职业装以西装、套裙为宜，这是最通用、最稳妥的着装。无论年龄的大小，一套剪裁合体的西装、套裙和一件配色的衬衣或罩衫，外加相配的小饰物，会使你看起来显得优雅而自信，会给对方留下良好的印象。在套装的颜色选择上则可以相对随意一些，黑色虽然是一种主色调，但是现在的社会对于其他颜色也可以接受，比如黄色、红色等。在套装的搭配上也不需要拘泥，可以进行任意的变化。

但是，有一些服装是绝对不能出现在面试的场合中的，比如紧身装和一些暴露太多的服装。面试是一个相对正式的场合，那些紧身装和超短裙、低领衬衫等会给人一种非常不庄重的感觉，求职者也会因此给人一种轻佻的感觉。

2. 饰物的选择

饰物在女性着装方面也是很重要的内容，恰到好处的饰物会无形中提升女性的形象。在面试中，女性的饰物应该本着少而精的态度进行选择。

（1）包。包是女性出门时的必备之物，通常都是手提包，但是在面试的时候以公文包为上。在公文包的选择上要注意不可过大，要与本身的身高相协调。还要注意：包里不能放太多的东西。

（2）帽子。帽子是可有可无的饰物。如果你非要戴上一顶帽子的话，那么请谨慎选择，千万不要戴那种有饰边、很花哨的帽子，最好是选择那种简单、雅致的帽子。

（3）首饰。首饰尽量少戴。戒指戴一个就足够了；耳环应当小巧，不可过长过大，以免因晃动而发出声音。朴实无华的项链就挺好，但别戴假珍珠或华丽的人造珠宝。令人喜爱的手镯是完全可以接受的，但镯子上的小饰物应当避免。总而言之，首饰越少越好。

（4）眼镜。如果你不近视的话，最好不要戴眼镜。当然，如果你把眼镜当作一种饰物的话，可以选择式样新颖、镜框文雅的平镜戴上。最重要的是，千万不能戴太阳镜（护目镜）去面试，当然更不能戴反光镜。

（5）围巾。漂亮的围巾可以起到画龙点睛的作用，所以，女士去面试的时候可以戴一条漂亮的围巾装扮自己。戴围巾最重要的是要学会搭配。一些女士喜欢蓝灰色服装，这个时候可以选择一条色彩浓郁、风格热烈的尼龙围巾；如果穿一套藏青色的西服，则应围一条纯白的围巾，既能衬托红唇黑眸，又能保持藏青色清爽如水的特质。

（6）丝巾。丝巾飘逸清秀的特点最能烘托出女性的美，但选择丝巾时一定要注意与衣服的协调搭配，如花色丝巾可配素色衣服，而素色丝巾则适合艳丽的服装。

3. 鞋子

鞋子的选择也是有讲究的，最基本的原则就是鞋子要与整体的服装搭配相协调，无论是在颜色还是款式上都要精心挑选。如果你选择穿皮鞋去面试的话，最好不要穿那种长而尖的高跟鞋，那不仅会让自己穿得不舒服，也会让 HR 看得不舒服。中跟鞋是最佳选择，既结实，又能体现职业女性的尊严。如果你选择穿靴子前去面试，那么最重要的是要注意裙子的下摆要长于靴端。

4. 发型

发型可以很好地衬托出一个人的气质，因此，面试之前一定要做一个适合自己的发型。发型的选择没有固定的标准，所以不要因为看着好看就用在自己的头上，因为那不一定会适合你。在发型的选择上，最重要的是要仔细观察自己的脸型，与脸型搭配的发型就是最好的。

5. 化妆

化妆是职业女性必修的一课，在面试之前，化一个妆会让你精神百倍。当然，化妆也是有技巧的，重要的是在嘴、眼和鼻上下工夫。当然，职业女性的化妆要以淡妆为主，切记不可化浓妆，因为浓妆不仅不会让人看到你的精神和朝气，反而会让人看到你的妖艳和颓废。

6. 指甲油与长指甲

长指甲与指甲油是艺术家和阔太太的专利，而不是职业女性需要的。所以，在面试之前，一定要把自己的长指甲剪去，把指甲油去掉。

3. 千万不要穿露脚趾头的鞋子

面试的时候，招聘人员对于求职者的鞋子是非常关注的，因为从鞋子上，招聘者可以看出求职者的个性和态度。如果皮鞋鞋面磨损，会被看作是不注意整洁和不拘小节的人；皮鞋过于新潮，会被当作喜欢引人注目，对求职于需要显得庄重的银行、顾问之类的工作岗位很不利。所以，求职者在面试的时候一定要注意鞋子的选择。

现在的鞋子是千奇百怪，露脚趾头的鞋子越来越多。当然，为了让自己舒服一些，给自己的脚通通气、"解放"一下也是情有可原的，但是这仅仅局限于非正式场合，或者是在家里的时候。而面试是一个正式场合，在这种场合穿那样的鞋子，总是会给人一种不庄重的感觉。这样一个不懂得维护自身形象的人，岂能会被招聘单位录用？

大学毕业之后，刘丽每天都忙着找工作，几乎每天都是在面试中度过的，经过数不清的多少次面试之后，对面试失去了原来的激情。

这一天，刘丽接到了一个心仪的公司的面试通知，兴奋的她立刻赶了过去。面试的过程中，刘丽表现得相当不错，她相信凭借着自己出色的表现，这份工作已经是十拿九稳。

但是第二天，刘丽接到那家公司人力资源部门的电话，她没有被录用，原因就是刘丽在面试时穿了一双拖鞋。

拖鞋绝对是属于家居型的鞋子，如果穿着它去面试，那100％是不可能成功的。无论是什么原因，穿着拖鞋去面试都不可能给招聘者留下好印象，在他们看来你必然是对这份工作根本就不上心，或者是你根本就是一个自由散漫的人，根本无法适应制度化的工作。

拖鞋只是露脚趾头的鞋的代表，事实上，在我们的日常生活中还有很多鞋子是露脚趾头的。那些鞋子虽然没有拖鞋那么夸张，但是也属于不可以穿到面试场合的类型。无论什么样的工作场合都是一个非常庄重的场合，你露着脚趾头走来走去，怎么看都不雅，那些招聘官绝对没有心情去欣赏你的脚趾头。所以，在面试时一定要选择最合适的鞋子，只有这样才不至于因为小小的鞋子问题而影响到你的面试结果。那么，面试时在鞋子的选择上要注意哪些问题呢？

1. 如果你是穿正装去面试，那么就绝不能穿运动鞋、布鞋和旅游鞋，应该以皮鞋搭配。试想一下，一身西装加上一双运动鞋会是什么样子？多么不伦不类！

2. 鞋子的颜色也要注意，通常要以保守为原则，避免穿那些颜色过分鲜亮的鞋子。黑色是最好的选择。当然，也不一定非要穿黑色的，只要是能与西装相搭配的深颜色的鞋子都可以，这会显得素雅大方。

3. 既不要穿破旧的皮鞋，也不要穿全新的皮鞋。破旧的皮鞋让人感觉你是一个不拘小节、不知道注意形象的人，几乎没有一个求职者会穿这样的皮鞋前去面试。更多的求职者选择在面试时穿一双新皮鞋。事实上，新皮鞋也最好不要出现在面试的场合。如果你为了面试而准备一双新皮鞋，会让人感觉你有点刻意和做作。所以，面试时穿的皮鞋最好是保持八成新的。

4. 皮鞋的干净整洁很重要。穿皮鞋最重要的是要干净整洁；如果你穿着一双皮鞋，但是这双皮鞋却暗淡无光，上面还落着厚厚的一层尘土，那么你的形象真的是要大打折扣了。所以，在面试之前一定要好好地给自己的皮鞋做个"美容"，让它看起来锃亮就行了。在擦皮鞋的时候，千万不要忽略细节部分，不要只对其表面进行"美容"。事实上，皮鞋的表面美容很简单，而鞋缝部分往往被人们忽略。

5. 不要赶潮流。现在皮鞋的种类也很多，有些新潮的皮鞋看起来个性十足，但是却不适合穿去面试，因为面试是一个庄重的场合，你的鞋子过于个性化，会让你显得非常扎眼。既然我们不确定面试官能接受什么样的鞋子，穿传统一点儿的皮鞋总是不会有错的。

6. 与鞋子密切相关的自然是袜子，如果袜子的选择不好，会让人整体感觉很不舒服。对于一个职场人士来说，白色的袜子是不合时宜的，因为那会让你看起来像一个学生。所以，穿深色的皮鞋时最好穿上深色的袜子。

面试最重要的就是看，面试官会通过对我们的观察来确定我们的个性和特点，所以他们会观察得非常细致。千万不要以为面试官不会注意我们脚上的鞋子，那可是面试官重点观察的部分。所以，在面试之前花点儿工夫在鞋子上吧，那会增加你面试成功的机会。

4. 不要让你身上的味道成为焦点

面试的时候需要求职者与面试官面对面地进行交流，这种近距离的接触使得面试官对于求职者的一举一动、乃至身上的味道都能一清二楚。如果在这个时候你的身上发出汗臭味、腋臭味、烟味等怪味的话，肯定会让面试官非常不舒服，从而影响面试的结果。

求职者要想获得面试的成功，就必须想办法让面试人员接受自己；如果你带着一身难闻的气味去面试，对方肯定会对你产生不良的印象。在整个的面试过程中，面试官所有的精力都用在与你的气味对抗上，哪里还会在意你说什么、做什么？

贾亮是个爱好运动的人，爱好打篮球的他一直是学校篮球队里的主力队员。虽然已经是大四，但贾亮还是经常和学弟们一起打篮球。大四上半年实习回来之后，一直没有碰篮球的贾亮几乎天天都泡在篮球场上。有一天，他正在打篮球，同宿舍的一个人跑来提醒他今天有一个面试，贾亮这才想起昨天有一家公司给他打电话让他前去面试。于是贾亮慌慌张张地跑到宿舍，准备齐全东西，换了一身衣服之后就去面试了。

面试官打从贾亮一进门就皱起了眉头，这让贾亮不知所以。在整个面试的过程中，面试官都显得很不耐烦。面试很快就结束了，对方让他回去等消息。贾亮回去之后把这件事情告诉了同宿舍的同学，那同学一听就乐了，说道："哪个面试官愿意闻你一身的汗臭味啊？"贾亮这才恍然大悟，原来由于时间赶得紧，贾亮没来得及洗洗就换上衣服去面试了，刚打完篮球的他自然是一身的汗味。

面试的焦点是你本身，而不是你身上那难闻的气味；只有让面试人员把他们的感官全都集中在你自己身上，倾听你的谈吐，注意你的举止，才能使他们意识到你的优秀。所以，千万不要让身上的怪味儿成为转移面试人员注意力的罪魁祸首。

人身上有很多难闻的气味，比如口气、汗臭、腋臭等等，这些气味都会刺激面试人员的神经，所以，在面试之前必须让这些气味远离自己。那么，怎样做才能让怪味不再缠身呢？

1. 口气。口气一般都是因为我们的饮食造成的，所以，想要去除口气，就必须控制自己的饮食。大蒜、葱等具有刺激性的食物最容易造成难闻的口气且经久不散，所以，在面试之前，应该避免吃这类食物。

同时，酒也是造成难闻气味的罪魁祸首，它的杀伤力比之大蒜有过之而无不及，因为它会让你的全身充满酒气，而且会维持相当长的一段时间，所以，面试之前最好也不要饮酒。

我们可以借助其他东西来去除和改善口气，比如在面试之前刷牙，由食物引发的口气一般都可以通过刷牙的方式去除。如果时间比较赶的话，还可以喷一下口气清新剂，或者是嚼口香糖。

2. 汗臭。汗臭通常都是由于运动造成的，所以，在面试之前最好不要做运动。当然，夏天的时候，无论你运动与否，汗臭味都是不可避免的。所以，在面试之前，最好抽出时间洗个澡，这样不仅可以将汗臭味去掉，还可以将其他难闻的气味一举除掉。

3. 腋臭。腋臭一般都是天生的，很难通过什么办法彻底消除，所以只能选择遮掩的办法。遮掩腋臭最好的办法就是喷香水。香水不仅可以驱散其他气味，还可以沁人心脾，给面试人员留下好的印象。

当然，喷香水也是有讲究的，最好不要选择那种气味比较浓烈的香水，那些香水由于刺激性太强，说不定会让一些面试人员很不适应，这样的话反而会带来负面的影响。一般来说，玫瑰香型、米兰型和黄角兰型的香水是最好的选择。香水需要提前两三个小时抹，可擦在耳后、衣领处、手肘内侧、手腕、胸前及膝盖内侧。不要把香水直接喷在衣服上。

4. 面试之前不要抽烟。抽完烟之后，烟味会长时间在身上留存，而且不宜通过其他办法遮掩，所以，在面试之前千万不要抽烟。

以上只是列举了保持气味清新的几种办法，只要是能够让你身上的气味保持清新，任何办法都可以使用。带着清新的气味去面试，一定可以让你的面试更加顺畅。

5. 学着给自己化一个合适得体的面试妆吧

面试除了考察专业知识、谈吐礼仪等以外，还有一项非常重要的内容，那就是形象。现代企业招聘的时候对于形象的要求是非常高的，因为员工的形象就代表企业的形象，他们不可能让一个不注意自己形象的员工毁掉公司的形象。所以，在这个年代面试，一定要学会一点化妆的技巧，用化妆的办法打造自己完美的形象，这一定可以为你增色不少。

化妆是面试之前必须要做的一件事情，因为化妆可以让你整个人看起来更加精神，更加有气质。如果在这个年代你还坚持素面朝天地去面试，那么你注定要被淘汰，无论你的专业水平有多么高。

秦瑞是一个非常爱学习的女孩子，大学的 4 年里，她除了上课，其他的时间几乎都是泡在图书馆里，这让她的学习成绩非常好，专业能力非常强，取得的荣誉特别多。按理说这样的人在求职的时候一定会受到企业的欢迎，因为她可以为企业做很多的事情，但是秦瑞却多次遭到招聘单位的拒绝，原因就在于她不懂得如何化妆。

大四那年，宿舍里的女孩全部都在学习化妆，当她们拉着秦瑞一起学的时候，秦瑞却对此表示不屑，因为她觉得自己只要有能力，找工作根本就不成问题，所以她拒绝了同学的好意。简历上的强势让秦瑞第一个接到招聘单位的面试电话，但是第一次就让她铩羽而归，因为面试人员见到素面朝天的秦瑞，第一感觉就是她是一个地地道道的学生，完全不适合职场。不服气的秦瑞接连试了好几家公司，最终的结果都是一样。

无论我们愿不愿意接受，我们都必须承认这样一个事实，那就是形象越来越重要，想要找到工作就必须学会化妆，用化妆来提高自己的形象。通常在学校里化妆的人并不多，但是一旦走出校门，我们就必须摆脱学生的形象，融入到职场和社会中去，用化妆的办法将自己打造成一个职业人士，只有这样，才能得到招聘单位的认可。如果你坚持以学生的形象去参加面试，那么等待你的必然是失败。

我们都知道，化妆有很多种，那么，怎样的化妆才适合在面试中出现呢？在化妆的时候，又有什么需要注意的呢？

面试化妆最重要的是要突出淡雅的特色，而不需要浓妆艳抹，因为浓妆艳抹会给人一种轻佻不庄重的感觉。最好的化妆应该是能够做到以下几点的：

1. 干净肤色，不泛油光。夏季的时候，皮肤非常容易出油，如果不进行控制的话，会让你的形象大打折扣，所以，选择能够有效控油的粉底很重要。粉底的颜色选择也要注意，最好是用与肤色相近的粉底，否则会让脖子和面部呈现出两种颜色，那就真的很可怕了。

2. 立体线条，炯炯有神。脸部的立体感是化妆需要营造的重点内容，所以，化妆时不要忘了眼线、睫毛膏。眼窝处适当画上自然色眼影，可带点淡淡的珠光色泽，就有画龙点睛的效果，且可创造出明亮有神的眼神与神采。

3. 色彩淡雅、自然。浓妆艳抹会让求职者失去年轻人应有的朝气和活力，所以，化妆时一定要以淡雅为主，这样还可以突出年轻人的专业性的沉稳，让你的形象更加符合单位的要求。

化妆能够帮助你营造出不同的气质和特点，那么，基于以上的几点要求，在面试中最受欢迎的面试妆是呈现出什么气质的妆呢？

1. 亲切活力面试妆＝紫色眼影＋桃红色腮红＋橙色唇彩

紫色、浅橘色很适合职场新人，亲切、温暖，不失可爱，很容易拉近人际关系，也不至于太过幼稚。这种柔和的颜色会给人一种舒适感，不会像深色系那样给人一种很强势和严肃的感觉，比较适合资讯业、传媒业、客服等职业。在选择紫色眼影时，应注意珠光感不要太强，浅色的紫色较适合，太重、太艳丽的不要选择。

这款妆容色彩比较淡，所以要重点突出眼睛，让整个妆容有亮点。新手不要用眼线液来画眼线，因为它不好掌握，又容易出错。画眼线的时候不要画直线，而应曲折地将睫毛间的缝隙填满，这样可以让双眼迅速明亮起来。

用刷子蘸取浅紫色的眼影，在上眼睑以平涂的方式涂刷。用小号刷子蘸取高光粉或者浅米色眼影涂在内眼角的位置，突出眼部的明亮程度。选择黑色的眼线笔勾画眼线，下眼影的位置也可以用紫色勾画，从外眼角过渡到内眼角，要细细地化。

选择自然色的粉底液打底，再用珠光蜜粉定妆，呈现自然、清透、质感又非常好的肌肤状态。

用桃红色的腮红打在笑肌位置，这样会令妆容更柔和，给人亲切感。

嘴唇选择橙色的唇彩，与暖色调的妆容协调，晶莹亮泽的嘴唇会增添你的年轻朝气。

发型的色彩偏重一些。可扎到一起，然后偏到一侧，呈侧马尾，显得大气。留海的处理要简单，不要有过多的碎发。

2. 稳重大方面试妆＝咖啡色眼影＋自然色腮红＋酒红色唇膏

咖啡色系的妆容给人沉稳、大气的感觉，也很"安全"，不会出错，适合任何肤色的人，特别是肤色偏深的人。使用咖啡色妆容比较保险，比较适合求职于金融业、教育业、公务员等需要稳重大方形象的人士。选择咖啡色系的眼影，一定要选有珠光质感的，这样才不会显得老气；或者选择含金色、黄色成分多一些的。千万不要选择咖啡色、偏红色的，这样的颜色不适合东方人。

选择自然色的粉底液均匀涂抹，注意额头、鬓角发际线的部位涂抹要自然，两腮外侧的位置可以少量涂抹，脸颊外侧偏暗一些，会显得脸型小些。

使用眉粉涂刷眉毛，这可以加重眉色，让眉毛整齐、流畅，富有光泽。

从嘴唇中间向嘴角涂抹唇膏，让唇部有立体感，再用唇彩点在上下唇的中间位置，使嘴唇有光泽感。千万不要抿嘴，那样会影响唇膏的质感。

用咖啡色眼影在眼窝部位涂抹，从靠近眼线的位置开始涂抹，上下范围大概二分之一面积，面积一定不能太大。眼线也选择咖啡色的，这样可以和眼影融合在一起，会比较自然。睫毛选择自然型的睫毛膏即可。

使用淡淡的棕红色腮红，不宜太明显，只要透出健康气色就可以。

为了与整体妆容协调，发型要大方自然，稳重又不失活力。将整个头发挽起，后面的头发留下少量卷发自然垂下。

6. 了解一些你所选行业和单位的有关信息

　　面试是一项具有个性化的活动，每一家公司都会根据自己的特点来确定面试的方式和面试的内容。基于这一点，如果我们想要提高自己面试成功的可能性，那么就必须在面试之前对该公司甚至该公司所从事的行业进行调查。只有充分了解这些信息，我们才有更大的把握应对面试中的问题，使自己的回答更加符合招聘单位的要求。

　　《孙子兵法》说："知彼知己，百战不殆。"面试也是一样，如果我们对于自己将要从事的行业和将要面试的公司缺乏必要的了解，那么在面试时必然缺乏指向性，对于面试人员提出的问题，必然难以做出正确的应对。

　　李华这一段时间一直在网上投简历，这天下午他收到了一家单位的面试通知，于是就到网上去搜索这家公司的信息。到了第二天面试的时候，李华信心十足地来到了这家公司。前面的面试还算顺利，但是当面试人员问他"你知道我们公司的规模和业务范围吗"的时候，李华却犯了一个致命的错误。原来李华所面试的这家公司是一个跨国企业，这家公司只是其中的一个子公司，而李华在搜索这家公司的信息时却忽略了这一点，结果他的回答让对方很不满意，最终没能得到这份工作。

　　通常面试人员的提问大都是和本公司有关联的，如果我们缺乏对该公司的了解，那么我们很难在面试中取胜。其实，在面试之前了解招聘公司不仅仅是为了取得面试的成功，也为了判定自己到底适不适合这家公司，毕竟面试是一个双向选择的过程，在招聘公司选择我们的同时，我们也应该选择招聘公司。只有了解清楚这些事情，才能够让自己的面试更加具有效率。那么，在面试之前我们应该了解哪些信息呢？

1. 行业前景和企业在该行业中的地位

企业的发展与行业的发展息息相关，整个行业景气的话，该公司的经营只要不出现重大问题就一定也会有前途。所以，在面试之前，一定要将该行业目前的发展状况了解清楚。除了要了解该行业以外，还要了解该招聘公司在这个行业中处在一个什么样的位置：是处于主导地位，还是中游或者是下游，这对于我们决定是否参加面试起到决定性的作用。处在网络社会的今天，了解这些信息并不困难；只要我们用心搜索，一定可以全面地了解这些信息。

2. 企业文化

任何一家公司都有自己的企业文化，这是一个公司发展的源源不断的动力。大多数公司对于企业文化的构建都是非常重视的，所以一些公司会把自己的企业文化放在公司的网站上，我们可以随时找到。对于求职者来说，了解企业文化非常重要，因为如果自己的性格不适合该企业的企业文化，那么即使能够通过面试，也难以融入到这家公司。同时，如果自己能够认同招聘单位的企业文化，那么在面试的时候，凭借着对该公司企业文化的了解，一定可以赢得面试人员的好感，从而增加面试的成功率。

3. 公司规模和业务范围

公司的规模是企业实力的一个方面，我们可以透过这个信息来判断这家公司的前途。再者，如果我们在面试官面前能够透露出这些信息，可以证明我们对于这家公司的关注度，这将会增加面试官的好感。

无论我们应聘的是什么岗位，都必须要了解公司的业务范围。比如说你应聘的是行政助理的职位，公司所经营的业务似乎与你无关，然而事实上却有着密切的关系：行政虽然不管经营方面的事情，但是如果对于公司所经营的业务一概不知的话，必然会在工作中出现失误。再者说，我们前去面试，连这家公司具体是做什么的都不知道，这多少有点儿说不过去。

4. 所处位置

地理位置是求职者非常重视的一个择业因素。比如说你是一个江苏人，而你并没有去上海工作的打算，那么如果你所应聘的单位是在上海，你必然是不愿意去的。所以，在面试前一定要了解到公司具体的位置。再说，即使是在同一个城市里，如果在面试前你不能熟悉地掌握其所在的地理位置，那么如何能够顺利地到达面试地点？难道要打电话求助于面试的公司吗？那会给对方留下非常不好的印象。

5. 劳动强度和收入

不同的工作，劳动强度是不一样的，在面试之前，我们必须确定这份工作所需要的劳动强度是否在自己可接受的范围之内。薪水是参加工作最关注的一个话题，每个人对于自己的工作都有一个薪水要求，在面试之前，我们要先通过各种渠道掌握这些方面的信息，作为面试时谈薪水问题的依据。如果这两者都与自己的要求相去甚远，那么就没有必要去参加面试了。

6. 职位的主要工作职责和内容，以及对劳动者的要求

应聘一个职位最需要考虑的问题，就是是否具备从事这项工作的能力，如果不行的话，就没有必要勉强去尝试。所以，在面试之前，我们必须要了解所应聘的职位需要我们做什么，对我们的专业素养、知识经验有什么样的要求，为自己将来的工作状态做个准备。

7. 面试的流程和方法

每个公司组织面试的流程和方法都是不一样的，有的公司只进行一次面试，有的公司要进行几次面试，甚至还有一些公司需要笔试。在面试之前了解这些信息，可以让自己做好充分的准备。

7. 根据简历预测面试问题

面试人员所提出的问题决不会是天马行空的，他们的问题一般都是和你的简历以及他们的企业相关联的，将你的简历内容与企业结合在一起，提出一些有针对性的问题，是面试人员提问经常采用的一种方式。所以，为了提高面试的成功率，你可以在面试之前根据自己的简历预测出有可能会被问到的问题，并拟出最合适的答案。

模拟面试是很多大学在对学生进行职业教育的时候经常采用的一种方式。通过模拟面试，大学生们可以提前感受面试的氛围，并发现自己应对面试问题时出现的错误，及时进行更正。通过这样的训练，大学生们应对面试的能力逐渐提高。

模拟面试非常重要，尤其是对于没有参加过任何面试的职场新人。当有单位向你发出面试通知的时候，你最好先根据自己的简历和招聘单位的情况，预测将有可能提出的问题，并拟出最合适的答案，这样在面试时就可以做到心中有底，也就不会在面试中因为紧张而犯错误了。那么，如何根据简历来预测面试问题呢？

面试人员的提问通常都遵循以下的思路：

1. 就你简历上所列举出的内容，要求你进行相关信息的补充。比如说，你是某大学新闻传播学毕业的，那么面试官就有可能会问你为什么选择学习新闻传播学；你在简历中写你曾经在某电视台工作过，那么他有可能会问你，为什么要从电视台辞职等。

这种信息的补充通常包括三方面：一是为什么，二是怎么样，三是结果。凡是你简历上出现的内容，面试官几乎都可以从这三个方面进行提问，所以，这方面的信息需要进行大量的补充。但是大多数情况下，面试人员仅仅会就你的专业和职业经历以及求职意向等进行发问。

（1）你为什么对这个职位感兴趣？

（2）你认为这个职位的要求是什么？

（3）你为什么觉得自己适合这个职位？

（4）你对这个职位的长远发展怎么看？你觉得自己的五年计划是什么？

（5）你为什么对这些职位感兴趣？人力资源和外贸在你的概念中很相似吗？

（6）为什么选择了这所大学？

（7）为什么选择了这个专业？

（8）为什么不考研？

（9）这家公司是做什么的，你介绍一下好吗？

（10）你所在的部门主要负责什么工作？

（11）你部门的组织结构是什么样子的？你能画个草图吗？标志出你的位置。

（12）对于你参与的这个项目，请介绍一下是什么项目、多大规模、做了多长时间、你在这个项目里具体负责什么、别人负责什么？等等。

（13）你的工作表现怎么样？有没有取得什么成绩呢？

……

2. 置疑简历中所提供的"自夸"信息。通常，我们在写简历的时候往往会不遗余力地夸赞自己，这里面当然有夸张的因素存在。对于这样的内容，面试人员往往会追根究底，因为他们想知道你是否有作假的嫌疑。

（1）你为什么要选择参加这个培训？

（2）这个培训都有什么内容？

（3）你简历上写自己的工作表现得到领导的好评，那你有没有得过什么奖励？

（4）你的成绩比较好，你是怎么做到的？

（5）你读研究生是保送的吗？什么条件能获得保送？

······

3. 把简历上提供的信息与工作结合进行提问。求职者的最终目的是为了得到工作，而面试官的最终目的当然也是为了找到最适合于该工作岗位的人。所以，一切问题最终都会和工作结合在一起。

（1）你的籍贯是湖南的，那么你现在在北京找工作，你能够长期待在北京吗？

（2）你在简历上说你是一个很有创新能力的人，但是这份工作要求特别细心的人，你能适合这份工作吗？

······

总之，你的简历中所呈现出的所有问题都有可能成为面试人员提问的对象。虽然我们并不知道对方究竟会怎样提问，但是根据简历做准备，起码我们能够掌握大量的、有可能会提到的问题。个人信息方面的问题可能会相应较少，最重点的部分就在于教育经历、工作经验上，这两部分的内容绝对是任何面试人员所提问的重点。所以，在进行模拟面试的时候，我们应该就这两方面的内容，列出尽可能多的问题。

8. 检查要带的物品是否齐全

面试是综合考察求职者的一个环节，如果在这个环节不能给面试人员留下一个好印象的话，那么我们为这次面试所做的所有努力就会付之东流。所以，在面试之前，一定要做好充分的准备，尤其要注意的是，一定要把面试中可能会用到的东西全部都带上，这样才不会因为准备不齐全，而在面试的时候手忙脚乱，更不会因为材料准备不齐全而失去工作机会。

蔡振一大早准备去一家公司面试，收拾利落之后，带上自己的包就出门了。包里的东西是昨天晚上准备好的，他早上看也没看。整个面试过程还算是顺利，等到快要结束的时候，面试官突然说："把你的毕业证书复印件给我一份，公司要统一进行学历验证。"蔡振忙打开包去拿，可是翻来翻去，也没有找到。面试官看他手忙脚乱的，于是就问："是不是忘记带了？"蔡振不好意思地说："对不起，我明明记得昨天晚上放进去了。"面试官不悦地说："昨天晚上放的，你今天出门的时候就没有检查一下？""没有。"蔡振小声地答道。面试官对他说："你回去等通知吧。"

回去的路上，蔡振才想起来，原来昨天晚上的确是曾经把毕业证书放进去，但是由于怕同宿舍的人不小心碰到自己的包，把它弄褶皱了，于是就又拿了出来，准备早上放进去。谁知道早上一着急，就把这件事情给忘了。蔡振后悔不迭。

如果你在面试的时候带不齐材料，那就会给面试官留下做事丢三落四的印象，这会对你的面试造成很大的负面影响。面试之前有很多事情要做，有很多东西要准备，有的时候由于一时的疏忽而忘掉了某些东西也不足为奇，但是在面试官看来，这是不应该发生的，因为你要应聘，就应该对这次面试非常重视，就不应该出现丢三落四的情况，除非你没有把这次面试放在心上。所以，为了避免这种情况的发生，在前去面试之前，我们一定要对自己所携带的物品进行清点，这样才能保证不会落下任何可能需要的东西。那么，面试时我们大致需要携带哪些东西呢？

1. 面试记事本

俗话说："好记性不如烂笔头。"尤其是对第一次参加面试的人来说更是如此。第一次参加面试的时候难免会有紧张感，再加上面试前的许多准备工作，很容易导致求职者一脑子浆糊，把一些重要的信息忘掉。所以，准备一个面试记事本非常关键，我们可以将面试的日期、时间、地址、公司电话、联络人、面试官的姓名、职位信息统统记在上面。

不仅如此，在面试的过程中，它也可以发挥重要的作用。在与面试官的谈话中，面试官的很多话会透露出重要的信息，对于这些信息，单靠脑子记忆不一定能够记住，最好是将它记在面试记事本上，方便以后的查阅。如果还有下一次的面试，那么我们就可以将下一次面试的信息再一次记在记事本上。

2. 钢笔或水笔两支

在面试的过程中，肯定会有用到笔的地方，比如上面所提到的面试记事本，没有笔怎么来写呢？还有在面试的过程中可能会填写一些表格，再者，那些面试官也有可能会在面试过程中穿插简单的笔试，所以准备笔是非常重要的。那么为什么又要准备两支呢？自然是为了以防万一——万一其中的一支笔不能用了，起码还有一支备用的。

3. 多份简历

现在的求职大多数都是采用电子邮箱投简历，面试官手中并不一定有我们的纸质简历，所以在面试过程中所需要的简历自然是要我们来准备的。即使是曾经投了纸质的简历，面试官也不一定会带着，所以是需要准备简历的。那么，为什么要准备多份简历呢？这是因为我们不知道面试官有多少，如果是有好几个面试官一起进行面试的话，那么我们自然是要每一个面试官给一份简历了。再者说，如果说发生一些意外情况，把简历弄坏了，而我们只携带了一份，那岂不是要坏事吗？

4. 毕业证以及各种证书

毕业证书是求职的一块"敲门砖"，也是大多数公司都很重视的东西，即使对方没有要求携带，我们也应该主动携带，因为他们多半是要查验的。当然我们也不一定非要带原件，复印件也可以，只要对方没有明确要求带原件。凡在简历中提到的其他证书也需要将复印件带过去，因为如果面试官对此有所怀疑的话，他们是会进行查验的。

5. 身份证、身份证复印件和照片

招聘单位如果要留档或者是填写一些表格的时候可能会用到。

6. 其他简历中提到的物品

以上这么多物品，我们不能用手拿着，更不能随便拿一个袋子装着，那会让人感觉太过随意，最好是能准备一个公文包，将这些东西全部装进公文包里。放进公文包里一是不容易丢失，二是方便查验。以上提到的面试时可能会用到的物品并不一定在面试中全部都用到，但是有备无患，全部都带上，总不会有什么错。当然，如果招聘单位明确表示要带什么物品的话，那就另当别论了。

9. 心理准备要做好、做足

如今就业形势日趋严峻，在这种就业压力之下，那些刚刚走出校门、没有任何工作经验的大学生们往往会因为主观愿望与现实的状况之间出现巨大差距而导致出现各种心理障碍，这些心理障碍进一步加大他们求职的难度。这种恶性循环使得不少大学生选择了逃避就业，以升学或者是待业的方式消极对抗就业。那么，对于那些处在待业期的大学生来说，有哪些心理障碍会导致他们的就业更加困难、需要克服呢？

1. 自卑畏怯心理

随着大学的不断扩招，大学生从"天之骄子"的地位一下子变成了"天之弃子"，现实的种种状况，让大学生的自卑心理不断增强。事实上，大学生的数量虽然在不断增加，但是大学生在就业市场中的优势并没有失去，而自卑心理才是真正使他们就业难的重要原因。自卑心理使他们缺乏竞争勇气，缺乏自信心，每当面对面试官的时候，就打心眼儿里发怵。这种不自信让很多面试官感到不满，而多次求职的失败更不断地加剧了求职者的这种自卑心理。

王强是一所普通大学的毕业生。在学校的时候，他就听很多往届的大学生说，现在就业有多难，像他们这种普通大学的学生在找工作的时候，连民工都不如。那些言论深深地影响了王强。而大学毕业之后的求职道路果真是举步维艰，一直到毕业之后的 3 个月，王强还处在待业的阶段。屡次的失败让王强产生了强烈的自卑心理，他决定要通过考研的方式提高自己的竞争力。于是在毕业当年的 10 月份，王强报考了研究生。

然而，王强并没有通过第二年1月份的全国统考。注定与研究生无缘的王强不知道自己怎么办才好，既不敢去找工作，也找不到其他的人生方向，只能待在家里什么都不做。

现实的状况的确是不理想，大学生的数量增多，使得就业变得困难，但是在公平竞争的求职市场上，只要你具备足够的能力，就一定可以找到合适的工作。学历并不是最重要，最重要的是个人的能力。所以，在找工作的时候，首先要克服的就是自卑的心理。冲破了自卑心理，就可以勇敢地加入到求职大军之中，向理想的工作发起进攻。

2. 盲目自信心理

虽然大学生已经不再是"天之骄子"，但是那些名牌大学的学生，或者是那些具备专业优势的学生，对于自己还是非常自信，甚至到了一种盲目自信的地步。他们只看到了自身所具备的优势，而没有看到整个求职市场的状况。所以，在就业的时候，就会提出相当高的条件。到头来因为过高地看待自己，结果在就业中遭受挫折。

王磊是名牌大学计算机专业的学生，不仅他所就读的学校是一所名牌大学，他所就读的专业也是国内大学中顶尖的，这种先天的优势让王磊多少有点高傲。再加上他本身又是一个非常好学的人，专业成绩非常好。所以，在找工作的时候，王磊给自己定下了目标，非500强企业不进，而且还要求起薪要高。

然而，很长时间过去了，王磊还是没能如愿以偿地进入他想进的企业。他忽略了自己没有工作经验的短板，一味地要求过高。有哪一家企业会愿意聘用一个没有任何工作经验、还要求那么高的应届毕业生呢？

自信在求职中很重要，但是盲目的自信却是求职中的致命伤。我们必须要清楚，现在的大学生已经不再是天之骄子，无论你多么优秀，进入职场之后你就是一个新人，经验的欠缺将会使你曾经的优秀大打折扣。所以，在求职的时候，一定要正视这一点，放低身段，将自己的求职标准降低。这样做求职就会顺利很多。职场的前途并不在于你一开始的起点有多高，而在于你将来的努力。

3. 患得患失心理

求职就是对机遇的把握，一旦错过机遇，就会与成功失之交臂。所以，在求职的时候一定要当断则断，当你遇到合适的工作的时候，就立刻下定决心去做。然而，现在很多求职者却有患得患失的心理，这山望着那山高，在犹豫迁延中丢掉了工作机会。

李刚在 3 天的时间里面试了两家公司，对这两家公司他都很满意。面试完的第三天，第一家公司打来电话让他在两天之内去上班。刚接到电话的李刚非常兴奋，然而他转念一想，另外一家公司还没有给回复，那家公司的待遇比之这家公司要好一些，如果现在去上班了，万一那家公司也让自己去上班，岂不是亏了？

于是李刚就决定再等等。等了两天之后，那家公司还是没有给他任何回复，此时的李刚知道希望已经破灭，想要去第一家公司上班。然而他打电话的时候，第一家公司告诉他，他们已经聘用了另外一个人，而且那个人已经在上班了。李刚后悔莫及。

求职犹豫不得。在求职的过程中一定要克服患得患失的心理。世上的确存在着很多的好工作，但是这些工作未必属于你，如果你的眼睛总是盯着比现在已经唾手可得的工作更好的工作，那么你必然会错过眼前的工作，因为没有任何一家公司会配合你的犹豫，会等待你从犹豫中清醒过来。

求职者必须要务实。能从事什么样的工作是由你自己的能力决定的，而不是想要得到就能得到的，那些看似很美的工作如同镜中花、水中月，看得见、摸不着。求职就是这样，抓住眼前能抓住的才是最重要的，千万不要因为怕屈就，而心存侥幸，奢望取得更好的职位，那会让你永远得不到工作。

4. 急功近利心理

急功近利是很多应届大学生都有的心理，他们为了证明自己，总是希望一走出校门，就拥有一份高薪或者是社会地位很高的工作，于是一窝蜂地涌向大城市、沿海发达地区，去待遇好、福利高的单位。然而现实是难以改变的，应届毕业生弱势求职者的地位没有改变，急功近利的心理最终让他们在求职中碰得头破血流。

所以，应届大学生在求职的时候，一定要结合自身的情况与求职市场的状况，对自己的求职目标做出适当的调整。只有这样，才能适应求职市场，帮助你以最快地速度完成就业。

10. 面试前，先正确定位

当你要告别校园、奔向工作岗位的时候，你有没有给自己一个明确的定位；当你去面试的时候，你是否明白自己的身份；当面试官问你问题的时候，你是否能给出一个肯定的答案……这些都关系到你能否找到一个合适的工作。作为一名求职者，你必须充分地认识自己，在用人单位认识你之前认识自己，只有这样，你才能明确自己想要什么样的工作、能做什么样的工作，才能向面试官展示自己最好的一面，才能最终获得工作机会。

1. 你是在找工作，不是在发传单

简历是求职的第一步，不少的求职者为了找到工作，花大量的钱印制一大摞精美的简历，然后四处散发，这不得不让人想起街头发传单的人。要知道你是在找工作，不是在发传单；以发传单的方式发简历，恐怕对找工作没有什么帮助。

刚刚毕业的求职者之所以会采用这种办法来找工作，主要是因为自己不知道想要找什么样的工作，这种盲目让他们只能四处散发简历。每当到了招聘会上，他们就会向每一家正在招聘的公司递上一份。较细心的招聘人员在发现简历与公司所招聘的岗位不相符合的时候，还会将简历奉还，但大多数则会随手放在一旁，简历随之石沉大海。

如果你单纯地想要找一份工作，那么你可以像发传单一样散发自己的简历；而如果你想找到一份适合自己的工作，那你就必须先想清楚自己想要什么样的工作，然后有的放矢，将自己的简历投到自己心仪的岗位上，这才是对自己负责的做法。

2. 你是去面试，不是去聚会

当你接到面试通知的时候，你是不是会精心打扮之后再去参加面试呢？仪表是面试的一项重要内容。当然，你的长相无法改变，但是怎样装扮自己，主动权却掌握在你自己的手中。去面试之前，最好是打扮一下自己。

不过，打扮也要注意：你是去参加面试，不是去参加聚会，所以，打扮也要按照面试的标准进行。如果你是女孩子，你要注意不要把自己打扮得漂亮过了头，一身"非主流"的衣服，满身金光闪闪让人"晃眼"；如果你是男孩子，既不要嘻哈风，也不要"哈韩"、"哈日"。面试的装束始终是以大方得体、不引人行"注目礼"为要。

3. 不要模棱两可

模棱两可的答案是不能出现在面试中的，尤其是关于你的求职目标和能力的提问。这样的问题是关于你自身的，如果你连这样的问题都不能给出一个确定的答案，那只能说明你连自己都不明白、不清楚自己会做什么、能做什么，那么面试官是不会给你任何机会的。所以，在求职之前，你必须充分地了解自己。

首先，你要知道你想要干什么。求职目标是很重要的，你的目标必须与你的优势相结合，这样你才能在将来的工作中做好。面试官如果在面试的时候以高薪等条件"引诱"你去做另外一份工作，你要坚定地告诉对方你已经有了确定的目标。

其次，你要知道自己的优势。比如说，你曾经学过英语和日语，如果你不是两样都精通的话，你必须挑出自己最擅长的一门语言来重点阐述；如果你为了证明自己的能力而说自己擅长英语和日语，万一面试官让你当场"秀"一把，那可就要丢丑了。

4. 正确地评价自己

虽然求职者在求职的过程中属于弱者，但是依然和招聘单位有着平等的地位，所以，在评价自己的时候不能自降身价，不能因求职的弱势而小看自己。在职场中，每个人都有一个属于自己的身价，也就是薪水，在这个问题上，一定要慎重，要站在客观的角度来定位。

首先，不能不要工资或者要极低的工作。虽然现在大多数人的工作都是为了生存，但是你也不能让你的工资处在生存的底线上，那不仅是对自身的贬低，更会让面试官因此而瞧不起你，认为你的确是没有什么能力。作为求职者，不应该以卑微的身份去乞求工作，而应该以自己的能力去获取工作。

其次，不能过高地评价自己。自己有几斤几两只有自己心里最清楚，在给自己进行评价的时候，一定要客观，不能自视过高。只有将自己置身于职场的大环境中，才能够真正认识到自己的"价值"。

XUE
MIANSHI

面试礼仪,别在细节上失分

　　礼仪是个人修养的重要体现,它虽不在面试的内容之中,却对面试结果有重要的影响。一个人如果在面试中有失礼之处,首先就会给面试官留下一个非常差的印象,这将大大降低面试官对你的好感,即使在面试中表现良好,也会因为"首因效应"而难以赢得面试官的青睐。所以,面试之前,我们有必要了解面试中需要注意的礼仪。

1. 别气喘吁吁地到达面试考场

面试迟到是一个常见的现象。很多时候，由于面试的人比较多，所以很多人认为自己迟到几分钟也没关系，然而事实上，迟到是最容易引起面试官反感的行为，因为迟到这个现象反映出的是一个人的修养、素质与性格。对于任何一个公司来说，没有时间观念的人都是不可录用的。所以，在面试的时候千万不要迟到。

王陵早上9点钟有一个面试，但是由于昨天晚上准备的时间太长导致第二天起得非常晚，直到8点钟的时候才起来。匆匆忙忙收拾之后，王陵就出门了，谁曾想，屋漏偏逢连夜雨，堵车堵成了长龙。一路上王陵急得像热锅上的蚂蚁，好不容易公交车终于到站，王陵开始快步往面试的公司跑去，紧赶慢赶，还是迟到了10分钟。当他上气不接下气地站在面试官面前说"对……对不起，今天堵车太厉害了"的时候，面试官的脸上露出了不愉快的神色。

面试结束之后，面试官告诉他没有被录取。尽管王陵试图向对方解释自己迟到的原因，但是一切都为时已晚。

在面试官的眼里，一个面试迟到的人不仅是没有时间观念的人，而且是一个没有职业能力和自我约束能力的人，更是一个没有职业道德的人。这样的人即使有再强的专业能力，也是不能录用的。试想一下，当你因迟到而气喘吁吁地跑到面试官面前，上气不接下气地跟面试官说话的时候，会是一个什么样的场景？你认为这样的场景能够给面试官留下好印象吗？

面试迟到是大忌。一旦我们给面试官留下了没有时间观念的印象，那我们的面试就非常危险了，所以我们必须把握好时间，降低迟到发生的可能性。那么，究竟该怎样做才能减少迟到的可能呢？

1. 面试的前一天晚上早睡

一些求职者在面试的前一天会表现得非常紧张，所以他们会在前一天的晚上花费大量的时间来准备，他们认为反正就是一天，熬一夜没有关系。然而正是因为他们晚上熬夜，结果导致第二天起来得很晚。如果是下午的面试还没有多大的关系，但是如果是早上的面试，那么就很有可能会迟到。所以，在面试的前一天晚上一定要早点睡觉，以保证第二天可以按时起床，保持最饱满的精神状态。

2. 提前出门

我们等面试官总比让面试官等我们要好得多。所以在面试的时候，我们一定要早点出门，即使是我们早到了也没有关系，顶多是多等一会儿。但是如果我们非要掐着点儿出门，那么就很有可能会迟到，因为我们不知道当天的路况会是怎么样，现在城市的交通拥堵已经不是什么稀罕事了，万一被堵住了，就注定是要迟到了。所以，面试时一定要提前出门，这样就可以给自己多一点缓冲的时间，即使是发生什么不可预知的状况，也能够按时参加面试。

3. 查找清楚路线，掌握大约需要的时间

一些求职者面试之所以会迟到，是因为他们对于路线不熟悉，结果在路上耽误了太多的时间。这些求职者在接到面试通知之后，就通过电脑查询了一下该公司的大体的位置、乘车的路线，而并没有切实地了解清楚到底需要多长时间，也不知道公司离车站到底有多远，更不知道下了车之后是往哪儿走。这样一来，他们虽然不会坐错车，但是下了车之后，他们难以在第一时间找到公司所在地，尤其是一些不辨方向的求职者，往往会在这上面花费大量的时间。所以，求职者如果对于公司那一带的情况不熟悉，最好能够带着地图，这样可以节省不少时间。

当然，无论我们做多么充足的准备，也不可能保证完全不迟到，那么，当迟到注定要发生的时候，我们应该怎样去面对呢？怎样的应对才能让面试官原谅我们的迟到呢？很多求职者不知道怎样应对，结果让迟到成为面试的致命伤。

1. 提前打电话告知

当我们预见到自己会迟到的时候，千万不能慌张，带着"死定了"的心理硬着头皮去面试，而应该提前打电话知会面试公司一声，首先表明自己可能会迟到，并简单解释迟到的原因。这样的话，面试公司就对你的迟到有了准备，你的迟到也就不会让他们太难以接受了。如果你迟到的时间过长的话，最好每隔10到15分钟的时间给面试公司打一次电话，这样可以让面试公司感觉到你非常重视这次面试。

2. 先向对方道歉，再解释原因

见到面试官之后，我们第一件要做的事情就应该是就自己的迟到向对方道歉，这样的话可以争取对方的原谅。一些求职者往往会把这个顺序颠倒过来，先说自己迟到的原因，然后再道歉，这样的效果就非常差了。所谓"解释等于掩饰"，你的解释会被对方理解为找借口为自己辩护。迟到本来就是我们错了，所以我们必须在第一时间向面试官道歉，只有这样，他们才会从心理上接受我们，那么接下来我们的解释也就顺理成章了。

2. 不要主动握手

握手是面试中经常会发生的一种交际行为，在初次见面和面试结束的时候，面试官与求职者之间都有可能会握手。握手是社交中的一项重要礼仪，在这个简单的动作中蕴含着丰富的内涵，它向对方传达的是一种一种友好、真诚、信任和尊重。通过握手，可以改善别人对我们的印象，拉近别人与我们的关系。然而如果我们不能很好地把握握手的礼仪的话，那么给对方传达的就是一种负面的信息，引起对方的反感。

李涛去一家公司面试，整个面试在愉悦的氛围中进行。很快面试结束了，面试官正在收拾桌面上的东西准备离开，李涛突然伸出手要与对方握手。面试官看了他一眼，犹豫中也伸出了手。李涛没有想到，自己最后的这个举动却让整个的面试化为泡影。

这场面试只用短短的几分钟就结束了，李涛唯恐对方不能记住自己，所以想通过握手的方式加深面试官对自己的印象。然而他却没有注意到当时面试官已经准备离开了，也就是说对方并没有要跟他握手的意思。虽然碍于面子，最后对方也与他握手了，但是那是很不情愿的。

本来这场面试之所以这么简单，是因为人力资源部突然有事情，又不能把来参加面试的人晾在一边，所以就只能简单地进行面试，然后让所有求职者参加第二次面试。而李涛却因为这个动作，成为了唯一一个在这一轮面试中被淘汰的人。

握手虽然是一个双向的行为，但是总是由一方发起、另一方回应完成的。而在这个过程中，发起的一方必定是职位较高的、辈分尊长，或者是女性。从这个角度来谈，求职者在面试官不主动握手的情况下，是不应该主动握手的，这是对对方的一种不尊重。作为求职者，我们并不知道面试官心里的想法，如果我们贸然在他们不愿意握手的情况下伸出手来，那么必然会让对方非常反感，而且会有套近乎之嫌。所以，一定要记住，在面试中，千万不要主动握手。

当然，有些公司的面试官在面试开始的时候和面试结束的时候，会主动和求职者握手，在这个时候，我们应该怎样回应对方的握手呢？在握手中，还有什么样的礼仪需要遵守呢？如果不能搞清楚这些问题，在对方主动握手的情况下，也有可能会因为我们的回应不当而引来对方的反感。

1. 不可两只手握手

两只手握手代表了两人的关系非常亲密，这主要发生在亲友间、哥儿们之间、老客户之间，并不适合出现在面试的场合中。因为面试中的握手只是最起码的礼貌和礼仪，你与面试官之间也没有这么亲密的关系。所以，回应对方的握手的时候，只需要单手就可以了，这样也显得非常专业。

2. 不可使太大的劲儿

在与面试官握手时，要懂得把握力度，如果你使太大的劲儿，会让对方感到很不舒服，这样会影响握手的效果。千万不要以为格外用力的握手代表坚定，因为面试不是打仗，面试官也不需要你承诺什么，大力度的握手反而会让面试官觉得你急于想得到这份工作。

3. 避免拉拉扯扯式的握手

面试的握手就是一种简单的商务交际，不是老朋友见面，不需要那么激动，抓住面试官的手来回晃动，甚至扯得对方整个身子都乱晃。老朋友见面的时候，晃一晃，再加上一个大大的拥抱，显得非常激动和欣喜。对面试官不需要这样，这会让对方感觉到非常滑稽。

4. 握手的时间不宜过长

长时间的握手往往会让人感觉到你是在求对方办事似的，这相当地不专业，也不是商务交际中应该出现的，毕竟面试官还有事情要做，没有时间耗在与你握手上。通常情况下，握手的时间应该控制在 3 秒钟。

5. 杜绝蜻蜓点水式的握手

所谓的"蜻蜓点水式的握手"就是指时间很短和力度很轻的握手，这种握手会让对方认为你是在藐视他、看不起他，不愿意和他握手。即使我们并非如此，这种握手方式也会给人留下这样的印象。所以，在面试中，千万不能出现蜻蜓点水式的握手。

6. 不可远距离握手

一些求职者一看到对方要伸手与自己握手，也不管自己离得远近，马上把手伸出去，结果手臂伸得绷直，身体前倾。这样的握手会让对方从你这一系列的动作中看出你的紧张和焦虑，甚至会认为你是在阿谀奉承。所以，在与面试官握手的时候，一定要杜绝远距离的握手。

7. 不要用左手相握

握手通常都是用右手，用左手握手是对对方的不尊重。

8. 不要在握手时戴着手套

在天气比较冷的情况下，求职者往往会戴着手套，但是在与面试官握手的时候，一定要注意将手套摘下来。戴着手套握手是对对方的不尊重，只有女士在社交场合戴着薄纱手套握手，才是被允许的。

9. 不要在握手时另外一只手插在衣袋里或拿着东西。

10. 不要在握手时面无表情、不置一词或长篇大论、点头哈腰、过分客套。

11. 不要在握手时仅仅握住对方的手指尖，好像有意与对方保持距离。正确的做法是要握住整个手掌，即使对异性，也要这么做。

12. 不要拒绝和别人握手，即使有手疾或汗湿、弄脏了，也要和对方说一下"对不起，我的手现在不方便"，以免造成不必要的误会。

3. 面试官未示意，不要主动坐下

你在面试的时候，是否在与面试官寒暄过之后，立刻就一屁股坐下，或者坐下之后，再与面试官寒暄？如果是的话，那你就大错特错了，因为你太把自己不当"外人"了。面试和做客差不多，都是作为"外人"的我们去别人家，在面试中，面试官是"主人"，在他们没有示意的情况下，我们是不能坐下的，你见过哪一个去陌生人家做客的人在没有得到主人允许的情况下就直接坐下的？

就从简单的"坐下"这个动作，面试官就可以判断出你这个人的性格特征，如果你在面试官示意之前坐下，那么往好了说你是一个不拘小节的人，往不好了说你就是一个没有教养、不懂礼仪的人。当然，面试官通常情况是不会往好了想的，因为你的擅作主张已经让他感觉到没有受到应有的尊重。

凯莉是一个大大咧咧的女孩子，平时就在礼仪方面不怎么注意。这一回，她去一家公司面试，一进面试办公室，她直接走到面试官的对面，一边说寒暄的话，一边坐了下来。本来面试官还想跟她握手的，手刚要伸出来，她已经坐了下来，只能又把手收了回来。

然而眼尖的凯莉看到了面试官的动作，她瞬间又从椅子上弹了起来，马上把手伸出去。面试官一看这样，只能又把手伸了出去。整个儿面试过程搞得非常滑稽，面试官只能苦笑。

商务活动本就是一项注重礼仪的活动，作为求职者必须向面试官展示出最优雅的一面。所谓"坐有坐相，站有站相"，作为一名即将步入职场的人，如果还像一只活脱脱的猴子一样，不懂得如何"坐下"，那你很难走进职场。那么在面试中，除了要等到面试官示意之后才能坐下以外，在坐姿上还有什么其他的要求呢？

在整个儿面试的过程中，坐姿可以划分为三个部分，一是入座姿势，二是交谈中的姿势，三是离开时的姿势。这三个不同的时间段，对于坐姿的要求也不一样。

1. 入座姿势

入座姿势包括坐姿和坐定的姿势，除了上面讲到的要等面试官示意之后再坐下以外，还有几点需要特别注意。首先，入座的时候不要发出声响，也就是说求职者在坐下的时候，不能猛地往下坐，那会让面试官感觉你太随意。其次，坐下之后不要随意扭动，也不可做多余的动作，比如抖动双腿、跷二郎腿，这些都是傲慢和缺乏教养的表现。再次，坐在椅子上的时候，起码要坐满整个椅子2/3的部分，如果你坐1/3，那是紧张的表现。最后，坐在椅子上之后，不可随意挪动椅子的位置。椅子的位置应该在坐下之前就确定，如果椅子没有放在你应该坐的位置，应该先把椅子搬到正确的位置。在搬动的时候切记不能拖着走，搬动的时候要轻拿轻放，以免发出太大的声音。

坐定的姿势男女有别，要分开来讲。男士的标准坐姿应该是双脚踏地，双膝之间至少要有一拳的距离，但不要超过肩宽；双手可分别放在左右膝盖之上，或者是椅子的扶手上；立腰挺胸，身体自然挺直；若是面试穿着较正式的西装，应解开上衣纽扣。

女士的标准坐姿应该是双腿并拢并斜放一侧，双脚可稍有前后之差：如果两腿斜向左方，则右脚放在左脚之后；如果两腿斜向右方，则左脚放置右脚之后。这样对方从正面看双脚是交成一点的，腿部线条更显修长，也显得颇为娴雅。若女性穿着套裙，入座前应收拢裙边再就坐，坐下后，上身挺直，头部端正，目光平视面试官。两手掌心向下，自然放在两腿上，两脚自然放好，两膝并拢，面带微笑保持自然放松。

2. 交谈中的姿势

交谈时最重要的礼仪就是与面试官保持一定的距离。一些求职者由于感觉面试官非常亲切，而在面试的过程中，也逐渐放得开，于是在谈话的过程中，不断拉近与面试官的距离，结果说到高兴处，唾沫横飞，弄得面试官很尴尬。而此时的求职者已经失礼了。

交谈的时候与对方离得太远，会使对方误认为你不愿向他表示友好和亲近，这显然是失礼的。但是如果离得太近交谈，一不小心就会把口沫溅在别人脸上，这是最尴尬的。因此，从礼仪角度来讲，一般与面试官保持一两个人的距离最为适宜。这样做，既让对方感到亲切，同时又保持一定的"社交距离"。

除了要与交谈者保持距离以外，还要注意不要随意"放松"自己。标准的坐姿是辛苦的，长时间会让人有疲累的感觉，于是有些求职者在交谈的过程中，逐渐地放松自己，要么是弯腰驼背，要么是直接靠在椅背上，这都是失礼的行为。当然我们也不可能在长时间的面试中，始终像雕塑一样，一动不动。当我们有疲惫的感觉的时候，可以适当地动一动，但是决不能弄出太大的动静。

3. 离开时的姿势

在经历了长时间标准坐姿的"折磨"之后，终于到了要起身离开的时候了，一些求职者在这个时候忘乎所以，"蹭"的一声就从椅子上坐了起来，顺便带动整个椅子跟着一动，发出巨大的声响。这多令人尴尬！整个过程都坚持下来了，如果输在了最后的一刻，那可就亏大发了。

起身离座的时候要保持一贯的从容、自然、稳当，以稳定的速度从椅子上坐起，然后将椅子放回到最合适的位置上。这个过程还是要和坐下的时候一样，搬动椅子的时候轻拿轻放，不要弄出动静。

4. 面试应避免的负面肢体动作

每个人都有一些习惯性的小动作，不少求职者在面试的时候会不自觉地将这些小动作带出来，比如摸头发、掏耳朵、揉鼻子、用力清喉咙等；还有一些求职者由于过于紧张，也会不自觉地做一些小动作，舒缓紧张的情绪。这些小动作看似无伤大雅，却会给面试官留下不好的印象。

一位同学去一家房地产公司应聘销售员的职位，在面试的过程中，面试官让他进行一场模拟推销，这名同学总是在推销的过程中清嗓子，而且每次清完嗓子之后，他自己的思路就会被打乱。结果整个模拟推销一塌糊涂，面试官就只记得他时不时清嗓子的声音。

还有一名同学在面试的时候，只要面试官一提问，在回答之前，他总要摸一下鼻子，这让面试官非常反感。

很多求职者的小动作都是无心的，但是这些无心的小动作却往往会让面试的结果不尽如人意，所以，求职者必须要学会控制自己，将这些小动作清除出面试的过程中，这样一来，即使偶尔出现一次也不会引起面试官的注意，对面试没有太大的影响。那么在面试中，经常会出现且会引起面试官反感的小动作有哪些呢？

1. 一边谈话，一边玩弄手指

求职者在面试的时候，通过手展现的小动作非常多，例如扳手指发出响声、玩弄衣服钮扣等，这会给面试官一种长不大的感觉。克服这种小动作的主要做法就是控制自己的手可以活动的范围，那就是坐下的时候，把手放在双腿之上；如果这样还不行的话，那就把手放在椅子的扶手上。

2. 交叉跷脚的坐姿

二郎腿不能跷谁都知道，但是有些紧张的求职者，往往会不自觉地将两只脚交叉，摆出奇怪的坐姿，这会给面试官造成不庄重、不严肃的感觉。避免这个小动作的办法就是要放松心情，双脚平放。

3. 拉裙摆

一些女性求职者由于穿的裙子太短，坐下的时候很担心曝光，于是在面试的时候不停地拉裙摆。这个小动作会让面试官认为求职者的个性太过浮躁。解决这个问题没有其他的办法，那就是面试的时候尽量不要穿太短的裙子。

4. 拨弄头发

留着长发的人由于头发一不小心就会遮住眼睛，影响视线，所以经常会拨弄头发。这个小动作相当不雅，你是想表现自己的帅气或者是美丽，还是压根儿没有把面试官放在眼里呢？所以，求职者在面试之前，一定要在头发上下工夫，男士就理一个精神一点的短头发，女性最好是把头发扎起来，或者是用卡子将刘海部分弄到一边去。

5. 眼神飘忽不定

一些不自信或者是紧张的求职者往往不敢直视面试官，两眼到处乱瞄。这会让面试官认为你是一个缺乏安全感、对任何人、任何事物都不信任的人，或者是你压根儿就没把面试当作一回事，也没有把他的话听在心里。这绝对会让面试官心里非常不爽。这种小动作并非是一种习惯，而是由于内心的不自信所导致的，所以想要避免，唯一的办法就是树立自信心。

6. 支支吾吾地小声谈话

在面试人员面前，最忌讳的就是支支吾吾地小声说话。面试就是一个交流的过程，有什么话当面锣、对面鼓地说清楚，没有什么好遮遮掩掩的。如果你那样做，会让面试人员非常不舒服，弄不好，他还会以为你在小声地骂他呢。

7. 夸张的肢体动作

有些求职者平时活泼好动惯了，在面试时经常做一些很夸张的动作，比如抖动自己的双腿、回答问题时加上一些夸张的手势等等。这些动作不太容易被面试官所认可，在面试的时候，还是以平稳、庄重为好。

8. 不停地看手表

在与人谈话的过程中，不停地看手表，似乎有送客的嫌疑，会给对方造成一种压迫感。如果你在面试的时候总是看手表，那么面试官可就不会客气了，既然你有急事，不耐烦将面试继续下去，那就结束好了。因此，求职者在面试之前，一定要安排好充裕的时间，不要让其他事情与面试重叠在一起；即使是有急事，也要耐着性子把面试进行到底，手表还是不看为好。

9. 咬嘴唇

咬嘴唇绝对是属于紧张、不自信的表现。一些求职者在回答面试官的提问时，总是不自觉地咬嘴唇，这肯定会让面试官对你的印象大打折扣。

10. 吐舌头

吐舌头是小孩子的专利，这会让小孩子看起来很可爱，但是作为一个求职者，如果还经常吐舌头的话，那么只能说明你是一个没有长大的人，绝对不适合在职场中发展。

11. 挠头

挠头是一个习惯性的动作，几乎每个人在遇到难题的时候都会有挠头的习惯，但是这个动作在面试中一定要避免，因为那只能向面试官说明你是一个不冷静的人，缺乏独立思考、解决问题的能力。所以，当面试官的提问难以作答时，我们最好是先想一下再回答，不要一边说、一边挠头。

5. 注意眼神的运用

人们都说"眼睛是心灵的窗户"，也就是说眼神能够传达出人内心最真实的想法，所以，在人际交往中，眼神的交流至关重要，它代表的是一种无声的语言，它可以代替语言向对方传达自己微妙的情感和态度的变化。在面试中，眼神的交流也是非常重要的，对于求职者来说，可以通过眼神的交流向面试官传达自己的真诚、自信等正面的信息，又可以通过观察面试官的眼神判断面试官的情绪，在与面试官眼神交流的过程中不断增进与面试官的关系。

如果在面试的过程中，你不敢和面试官进行眼神的交流，那么面试必败无疑，因为你躲躲闪闪的眼神向面试官传达的信息就是你的不自信和紧张，这种负面的信息会让面试官对你大失所望。在整个的面试过程中，面试官无法通过捕捉你的眼神看到你的真实想法，这会让面试官非常不悦，最终这将导致面试的失败。

黄凯天生比较内向，从来不和陌生人主动搭讪，然而随着毕业的到来，他也不得不硬着头皮去参加面试。这一天他去一家公司参加面试，从走进该公司的大堂开始，他就习惯性地将自己的头低了下去。当问明了前台接待面试的所在地之后，他就走了过去。

进入办公室之后，黄凯也不主动与面试官打招呼，面试官感觉到他可能是紧张，于是就故意和他闲扯一番，消除他的紧张感，但是无论面试官怎么努力，黄凯那耷拉着的脑袋就是不肯抬起，偶尔抬起来，眼皮也是耷拉着的。面试官几次试图和他的视线对碰，但他都故意躲闪。实在没有办法的面试官只能就在这样尴尬的氛围中将面试进行下去，草草结束的面试自然是以黄凯的失败告终。

眼神的交流是增进与面试官感情的好办法，所以，作为求职者不仅不能逃避和面试官的眼神交流，还必须主动与面试官进行眼神的交流，而且必须从见到面试官的那一刻起就进行眼神的交流。通常情况下，在与面试官第一次见面的时候，你的眼神就可以向面试官传达出自信或紧张、诚实与虚伪的信息。假若你的眼神游离不定，一直试图躲避面试官的眼神，那么你必然会给面试官留下自卑或者是不真诚的印象。所以，主动与面试官进行眼神的交流非常重要，这可以帮助你赢得面试官对你的第一印象。

不仅要在开始的时候和面试官进行眼神的交流，在整个的面试过程中都要与面试官进行眼神的交流。眼神的交流是你的语言的辅助，它能够让你的言语更加具有可信度和说服力。在面试中与面试官进行眼神的交流要注意以下几点：

1. 不要一直盯着面试官

眼神的交流并不是让你一直盯着面试官，而是与面试官的眼神进行对视。如果你一直盯着面试官看，那会让面试官感觉不自在，甚至会感觉自己哪里有不妥的地方，这会让面试官分神，使得他无法集中精神听你的谈话。最好的办法是时不时地与面试官进行对视，这不仅可以表现出你对自己答案的自信，又可以向面试官传达出你坚定的性格。

2. 眼神不要处于游离状态

时不时地与面试官进行对视也并不是要你的眼神处在游离的状态，而是要通过眼神向面试官传达自己想要表达的信息，所以"时不时"也要把握好。

3. 不要长时间地将眼神集中在一个地方

当你在回答面试官的提问的时候，如果眼神一直集中在一个地方，那么就说明你缺乏自信，因为眼神的固定可以说明你一直集中精力思考问题，或者是在回忆什么东西。如果面试官把你的这种眼神理解为你在背诵"答案"，面试就无药可救了。回答问题一定要自然，这样才能显出你的能力和自信。

除了主动与面试官进行眼神的交流以外，你还可以透过面试官的眼神判断他内心的真实想法，为自己的面试成绩打分。你能够给面试官留下一个什么样的印象，是可以从面试官的眼神里看出来的。

1. 当你的答案令面试官很满意的时候，你会发现他的眼睛里突然多了一些光彩，还有可能会情不自禁地点头；如果他对你的整体表现很满意，他会主动加强与你的对视，眼神会逐渐放亮。如果你看到了面试官这样的眼神，那么祝贺你成功了。

2. 当面试官满脸挂着笑容，而眼神里却看不到一丝的笑意的时候，那么你不可被他脸部表情的"假象"所欺骗，认为他对你很满意，其实他对你很不满意。这或许可以称为是"似笑非笑、皮笑肉不笑"吧。

3. 当面试官对你的答案感到厌烦的时候，他会将自己的视线抛到很远的地方，如抬头望天花板、侧身注视窗外，或者是注视着一些无关紧要的东西，比如盯着手中的笔，或者是眼前的办公桌。这个时候，你就必须意识到你的答案过于冗长了，要赶快停止。

总而言之，眼神的正确运用在面试中有很大的作用，每一个求职者都应该学会。

6. 善始善终，面试结束之礼

面试的过程就如同一场音乐会，讲究善始善终。如果不能做好收尾工作，即使中间的高潮部分再好，也会影响整场面试的结果。一些求职者不注重结尾，把所有的精力都放在与面试官你来我往的"唇枪舌战"中，当尘埃落定之后，长出一口气，挥一挥衣袖，潇洒地离开。殊不知，他们结束时的潇洒正是将他们"唇枪舌战"的战果断送的主要原因，结果，"煮熟的鸭子"也飞走了。

王飞是即将毕业的大四学生，凭借着出色的专业成绩，他一路过五关斩六将，赢得了宝贵的面试机会。踌躇满志、信心十足的王飞在面试中的表现非常出彩，面试官频频露出欣赏的笑容。然而在面试结束时王飞的表现却让面试官大跌眼镜。面试官刚说完面试结束，让王飞回家等消息，王飞就抛下一句"再见"，潇洒地离开了。本来面试官还有好几句话要说，也懒得去说了。

年轻人个性十足、锋芒毕露可以接受，但是王飞最后的表现暴露出了他在礼仪和人际交往中的缺陷，一个缺乏基本礼仪的人无论他有多么优秀，都是难以让人接受的。王飞恐怕做梦都不会想到，他最后的举动断送了自己的一个宝贵的工作机会。

面试是一个完整持续的过程，在没有离开面试公司大门之前，面试就没有真正地结束。求职者在面试官面前就必须维持最好的形象，否则，一旦在结束的时候放松自己，那么就很有可能会前功尽弃。面试最精彩的部分自然是与面试人员的"短兵相接"，大多数的求职者在面试前都会充分准备这方面的内容，然而正是因为他们过于注重中间的环节，所以才忽略了收尾的重要性。

事实上，面试的每一个环节都是环环相扣的，每一个环节都在考察求职者不同的方面。

在面试的过程中，面试官可以从不同方面考察求职者的专业素养和工作能力；而在面试结束的时候，面试官却能够从中看出求职者为人处世的能力和基本的人际交往的能力。这其中，只要是求职者的任何一方面的表现不符合面试官的要求，都会使面试以失败告终。所以，千万不要以为只要在面试的过程中表现出色，那么这份工作就十拿九稳了，要知道"为山九仞，功亏一篑"，结束时候的不小心，很有可能会让前面的努力付之东流。那么，作为求职者要怎样做才算是善始善终呢？怎样做才能够让面试圆满结束呢？

1. 结束以礼

礼仪是个人的一种修养，也是人际交往能力的一个重要体现，所以，面试人员对此都会非常关注。面试看似结束了，但是只要你还面对着面试官，那么公司对你的考察就没有结束。所以，在面试结束的时候，一定不能失礼于面试官。

首先，不要在面试官结束谈话前表现出浮躁不安、急欲离去的样子。面试结束与否不是由求职者主观判断决定的，而是由面试官决定的。所以，在面试官释放面试结束的信号之前，切不可主动结束面试。通常情况下，面试官都会以起身和某些话语表示面试结束，例如"同你谈话我感到很愉快"或"感谢你前来面谈"等。

其次，当面试官示意面试结束的时候，一定要礼貌地向面试官告辞。几乎每一个求职者在面试的时候都会感到有压力，所以，当面试结束时便急于离开，释放高压的情绪，这无可厚非。然而如果我们将这种情绪和意愿表现在面试官面前，在没有与面试官告辞的情况下，就匆忙离开，那就会显得非常失礼，必然会影响面试的结果。

2. 询问决定期限

如果在面试结束的时候，面试官没有表示会在什么时候和你联系，你可以主动询问对方。不要担心你的询问会让对方不高兴，这是与你的前途密切相关的事情，你有权知道，对方也不会因为你的询问而生厌，反而可以从中看出你对这份工作的热情。

当然，我们只需要询问具体答复的日期就可以，至于薪水、福利等问题不是第一次面试应该询问的问题（当面试有两次或两次以上时），如果你询问这些问题，会让你显得非常功利，给面试官留下不好的印象。

当然，如果你能够在面试结束的时候说一些感谢的话，那更加能够体现出你的修养，给面试官留下深刻的印象。

总而言之，求职者不仅要在面试的过程中表现得出色，还要让面试的收尾工作漂漂亮亮。只有善始善终，才能让整个面试过程成为一场令人记忆深刻的华美表演，为自己赢得更大的成功的机会。

7. 面试后，你可曾写过感谢信

参加面试的目的就是为了给面试人员留下一个好印象，争取工作机会，那么在面试结束之后，我们可否采取一些其他措施，唤醒在面试后已经对我们淡忘的面试官对我们的记忆，或者是加深面试官已经对我们产生的印象呢？当然可以，感谢信就是一种长盛不衰而且非常有效的方式。

汪金陵参加一家杂志社的编辑招聘，由于是第一次参加面试，过度紧张导致他在面试中的表现并不尽如人意。回想一下面试官的表情，这份工作似乎是要泡汤了。但是汪金陵心有不甘，且不说他非常想要得到这份工作，再说面试也没有真正地发挥出他的水平。于是他决定向人事经理发出一封感谢信，希望这封感谢信能够挽救败局。

在这封感谢信里，汪金陵除了向人事经理表示自己的感谢以外，最重要的是他再一次重申了自己的优势和自己想要得到这份工作的决心。信发出去以后，汪金陵就开始忐忑不安地等待。终于有一天，杂志社人事部门打来电话通知他去参加第二轮面试。

感谢信是求职者在面试结束后向人事经理发出的，千万别小看这一封简短的感谢信，说不定他就能够为你赢得工作机会。然而，现实中，却很少有求职者会主动发感谢信，因为大多数的求职者都认为面试结束之后，自己与人事经理之间已经没有任何关系，贸然发出一封感谢信，只怕是难脱阿谀奉承之嫌。

事实上，感谢信最重要的内容并不在感谢上，人事经理也不需要你的感谢。发感谢信的目的就是为了让人事经理记起自己，或者是加深对自己的印象，为自己争取工作机会。所以，在感谢信的内容上要做如下的安排：

1. 开篇。开篇最重要的是要让人事经理记起自己是谁，要不然的话，人事经理把所有的内容都看完了，也难以对号入座。所以，开篇最好以简短、幽默的文字唤起人事经理对我们的记忆。

2. 第二段。感谢信的内容虽不以感谢为主要内容，但还是要把感谢的话放在前面，毕竟名义上是感谢信。当然感谢的话不能写得太过生硬做作，最好能利用面试中的一些小细节引出一些感谢的话，这样显得比较自然、流畅，不会给人事经理留下溜须拍马的印象。

3. 第三段。感谢信虽然是为自己争取工作机会，但也不能表现得太明显，上来就把自己的优势着重强调，最好是先根据面试的内容将自己的缺点列出，这样能让人事经理看出你是一个谦虚且能正确认识自己的人。

4. 第四段。讲缺点的目的也是为了突出自己的优点，所以紧跟着缺点的自然就是自己的优点，这一部分内容要着重强调且要与自己申请的职位结合起来。

5、最后，表达加入该团队的渴望，并表达自己的祝福。

这样一封感谢信，既有对人事经理的赞美，又有对自己的正确剖析，只有这样的感谢信才能够起到加深印象的作用，才能让它为自己的面试加分。

有些求职者会担心自己的感谢信会取得适得其反的效果，让本来已经到手的工作溜走。事实上，这种担心完全是多余的。感谢信顶多是起不到什么作用，但决不会起到反作用。假如，用人单位正在左右为难之际，你的一封感谢信立刻可以让你在人事经理脑子里的形象清晰、丰富起来，那么你成功的可能性就会大大增加；如果用人单位已经决定录用你，那么你的感谢信可以让你在人事经理心中的印象更加好，为自己打下良好的人际关系。

感谢信的好处主要体现在以下几个方面：

1. 无论怎样，发出感谢信起码可以证明你是一个懂得怎样与他人建立良好人际关系的人。

2. 如果你在面试中并没有给人事经理留下好的印象，那么感谢信或许可以改善人事经理对你的印象，增加你面试成功的可能性。

3. 即使你的感谢信不能帮你赢得工作机会，起码你可以交一个朋友，给自己多一个机会。将来有一天，或许可以通过这个人获得满意的工作。

其实，面试就像是相亲，或许在当时你并没有给对方留下深刻的印象，但是当他面试过很多人之后，突然会发觉你还是一个不错的人，但是这个时候，他对你的印象已经非常淡了。如果这个时候，你的感谢信能够恰好出现，那么他对你的印象就可以重新建立。所以，求职者千万不要忘记在面试后发一封感谢信，为自己争取机会。

8. 电话面试时需要注意的事项

随着科技的发展，面试的方式也变得多种多样，其中电话面试广受企业的欢迎。电话面试可以在短时间内完成对求职者的筛选，选择一批最合适的人前来面试。这样可以降低企业招聘的开支，尤其是对于异地招聘，电话面试就更加实用。然而，对于求职者来说，这却是一个挑战，因为很多求职者没有电话面试的经验，乍一接触电话面试，则会手足无措，在面试中的表现极其差劲，白白丢掉工作机会。

齐刚是山东人，毕业之后就回家了，在家里的时候他不断地投简历，有一天他接到一个来自上海一家公司的电话。这家公司接到齐刚的简历，对他还比较满意，让他第二天去面试，齐刚表示自己家在山东，无法按时赶过去。这家公司决定对齐刚采用电话面试，如果他能够通过第一轮的面试，第二轮的面试在一周之后，那齐刚就有足够的时间过去了。

从没有听说过什么电话面试的齐刚顿时懵住了，不知道自己该准备些什么。忐忑不安的他第二天就接到了那家公司的电话，在电话里，那家公司的 HR 问了齐刚很多问题，齐刚都回答得非常勉强，自然他也就失去了这次机会。

电话面试与面对面的面试不同：在面对面的面试中，求职者可以根据 HR 的表情、反应来随时调整自己回答问题的方式和内容，而电话面试的问题则显得天马行空，求职者的回答又毫无根据，这造成了很多求职者在电话面试中的失败。再者，对于面对面的面试，大多数的求职者都是驾轻就熟，对 HR 提问的内容和方式以及整个面试的内容都有大致的了解，而电话面试则显得相对陌生，求职者难以把握如何才能通过电话获得 HR 的好感。

其实电话面试和面对面的面试只是交流的介质不同，并没有本质上的区别，HR 同样是要考察你的职业能力、专业能力和交际能力等。当然由于介质的不同，求职者在应对电话面试的时候就会显得相对局促，这常常会导致电话面试的失败。那么求职者需要怎样做，才能增加电话面试成功的可能性呢？

1. 提前进行练习。很多时候，并非求职者本身的能力不足或者是应对能力较差，而是因为对于电话面试太生疏，在面试的时候，往往词不达意，无法较好地表达自己的观点。所以，面试前的练习就非常重要了。练习的时候，你可以请一个朋友帮忙，让他对你进行提问，然后你将自己回答的内容进行录音。这样，就可以回过头来听听自己的回答究竟有哪些地方存在问题。由于电话面试只能通过声音来判断一个人，所以，在练习的时候不仅要注意自己说话的内容，还要注意语气、语调和停顿等。

2. 把一份简历放在眼前。在电话面试的时候，HR 肯定会就简历的内容进行提问，如果你对简历的内容并不能做到完全熟悉，那么最好把简历放在眼前，以备需要的时候查阅。另外，根据你所应聘的职位，你也可以准备相应的材料，这样在回答的时候就会顺畅很多。

3. 注意听 HR 的语气。在电话面试的过程中，你无法从对方的表情和动作中获知 HR 的反应，只能高度注意听他说话的语气，从他的语气中判断他对你的回答是否满意。同时，你在回答的时候，也要注意自己的语气，表述要简洁、直截了当、充满热情，使得谈话有趣而易于进行。

4. 保持精力的高度集中。电话面试的时候由于看不到对方，而且周围发生一切事情都能吸引求职者的注意，所以经常会导致走神的状况发生，导致电话面试的失败。声音转瞬即逝，即使我们错过一丁点儿，也很有可能会影响接下来的面试。精神高度集中还有利于求职者对 HR 在电话面试中所谈到的问题进行记录。

5. 避免长时间停顿。停顿是电话面试中的大忌，如果你对于 HR 提出的问题不能快速地做出反应，那么你将会被视为知识匮乏；如果你在回答的过程中时断时续，那么你将被视为缺乏语言能力。

6. 确保记下给你打电话的人的名字（拼写要正确）、电话号码和地址。

做到以上几点，那么你在电话面试中就很有可能会赢得 HR 的好感，获得第二轮面对面面试的机会。除了以上这几点需要注意以外，还有几点是 HR 最不愿意见到的，一旦出现，绝对会让 HR 对你的印象打折扣。

1. 接电话不及时、不礼貌

HR 是没有太多的时间等你的，如果你长时间不接电话，那么很可能会错过电话面试的机会；即使能够在 HR 挂断电话之前接到电话，也会给 HR 留下不好的印象，且这种印象难以改观。一些人在平时的生活中养成了接电话不礼貌的习惯，拿起电话就是一句："你找谁？"这种"你是谁？"的接电话的方式对于 HR 来说绝对是非常刺耳的，他会立刻怀疑你的素养。

2. 态度不积极

求职意向强不强烈是 HR 判断是否要录用一个人的重要标准，如果你在接到 HR 的电话的时候表现得心不在焉、一副无所谓的语气，那么几乎可以断定你的电话面试必然会以失败告终。

3. 说话犹犹豫豫

在应对 HR 的问题时一定要爽快，是就是，不是就不是；行就行，不行就不行。这样可以显得你这个人非常干练、果敢。如果你一副欲语还休的语气，那么 HR 不得不怀疑你是在想编谎话骗他，或者是你根本是一个没有自信的人。

第四章

Chapter4

摸透面试官的心理,让面试不再被动

　　面试看起来是一个被动的过程,因为作为求职者,我们必须接受来自面试官的询问和考察,主动权则完全掌握在面试官的手中。然而事实上,我们却可以通过摸透面试官的心理,收回部分主动权。每个面试官都有各自不同的性格、特征和爱好,这决定了他们在面试中会采用不同的手段。只要我们能够掌握这些,就能够以有效的方式来应对,获得面试官的赏识。

1. 面试官的心理特征

有些才高八斗、学富五车的人屡屡遭遇面试的失败，而有些看似专业知识不足的却能够顺利地找到合适的工作。造成这种现象最主要的原因就是，求职者有没有把握面试官的心理特征。要知道求职者的命运掌握在面试官的手中，只要能够打动面试官的心坎，无论你是否具备足够胜任工作的能力，都会被录用。

面试是进入职场最重要的一个环节，如果无法打通这个环节，我们就不可能进入职场。而面试官正是这个环节最重要的把关者，所以我们必须把握面试官的心理特征，让自己的每场面试都能有的放矢，变被动为主动，提高面试的成功率。

蔡琳是中文专业毕业的，在学校的时候就被人誉为"才女"，曾经在众多知名的文学杂志和报纸的文学副刊上发表过文章。一身才气的蔡琳桀骜不驯，她始终相信凭借着自己的才气一定可以找到一份好工作。所以，在同学们都忙着四处投简历的时候，她却不慌不忙地向自己心仪的一家出版社投递了简历。

蔡琳获得了面试的机会，然而却在面试中被刷了下来，令人想不到的是造成她被刷下来的最重要的原因却是她引以为傲的才气。在面试的过程中，蔡琳总是不厌其烦地强调自己的文笔有多好，曾经发表过多少文章，而当面试官让她现场修改一篇稿件的时候，她却不知所措。蔡琳应聘的是编辑岗位，作为一个编辑不仅自己要会写文章，最重要的是要会修改他人的文章，而蔡琳对此却一窍不通，甚至连最基本的修改符号都不懂，至于排版等更是一窍不通。

一些求职者总是以自我为中心，仗着自己的才华而狂妄自大。事实上，才华已经不是求职最重要的砝码，如果你的才华与面试官的需求不统一的话，那么你的才华就什么都不是。只有抓住面试官的心理特征，将自己的才华打造成与面试官的心理需求一致的层次，才能在面试中脱颖而出。每个面试官都有自己不同的心理特征，但是作为面试官，他们一定也有一些共同的心理特征。

1. 注重最初印象

所谓的最初印象就是第一印象，但是求职者千万不要以为面试的第一印象就是求职者进门的那一刹那。事实上，早在面试官看到你的简历的时候，第一印象已经形成，而且这个第一印象对面试的过程和面试的结果都有很大的影响。国外有学者研究后得出结论，至少有85％的考官在面试真正开始前，已根据应聘者的应聘资料对其产生了最初的印象。

所以，求职者在制作简历的时候一定要多花点心思，让自己的简历给面试官留下一个好的印象，这将对你的面试有很大的帮助。除此之外，我们还要在着装、言谈举止等方面多加注意，不要让自己在第一次见到面试官的时候就失礼。

2. 优势心理

面试官由于在面试中处在主导地位，所以必然会产生优势心理，这将会表现在面试官的指手画脚以及主观的评价上。面对这些，求职者应该本着不卑不亢地态度来积极应对，既不能显得卑躬屈膝，也不能与面试官进行激烈的对抗。

3. "喧宾夺主"倾向

按理来说，面试应该是在面试官的主导下，由求职者展现自己的过程。然而，由于处在优势地位，面试官往往会表现得比求职者更加积极，抢占求职者的表现时间和机会。面对这种情况，求职者应该具有耐心，不要随意打断他的话。

4．愿当"伯乐"

出于职业的考虑，他们希望自己能成为真正的"伯乐"，慧眼识英才，从众多的求职者中发现公司最需要的人才。这表现在面试的过程中是工作认真负责、谨慎考核、细致询问，尽量做到择优录取。所以，作为求职者一定要充分展示自己的才能，在面试的过程中不断地向面试官传输这样一种信息：我是有才能的，我是最合适的。

5．定式心理

面试官长期进行面试，已经形成可自己判断人才的固化的思维模式，在对求职者进行评价的时候往往具有相当的主观性，这导致了很多有才能的人被拒之门外。求职者虽满腹冤屈，却也无可奈何。所以，面对面试官这样的心理，求职者千万不要奢望能够改变面试官的思维，而应该主动适应面试官的思维。在面试的过程中，观察面试官的反应，顺应面试官的思维，以面试官最能接受的方式将自己的才能展现出来。

6．专业化倾向

面试官经常会在面试的时候使用一些专业化和职业化的术语，这很容易使求职者感到迷惑，造成交流的障碍。面对这样的情况，求职者在面试中更应该集中精神倾听面试官的话语，以最短的时间理解面试官的意思。

7．标准化倾向

面试官长期从事招聘工作，对某些具体的岗位形成了一套固化的标准，也就是说在他们看来，只有符合标准的人，才最能够胜任工作。所以，求职者在面试的过程中，一定要紧扣住自己所要申请的职位来展示自己的才能

8．疲劳心理

面试是一个枯燥的工作，每天面对不同的人，提出相同的问题，这

种机械化的活动导致很多面试官在面试的时候非常疲累。在这种情况下，面试官通常会尽量压缩面试的时间，求职者就没有足够的时间来展示自己。面对这种情况，求职者应该尽量用最有效的方式、最简短的话语来展现自己。切忌啰哩啰嗦，含混不清。

2. 判断面试官的性格

一个人的性格决定了这个人喜欢什么样的人、愿意与什么样的人交流、能接纳什么样的人，所以，对于求职者来说，掌握面试官的性格特点至关重要。只有了解面试官的性格特点，我们才能对症下药，根据他的性格特点采取相应的对策，以期取得面试的成功。

面试的双方是不平等的，面试官握有生杀大权，他随便一句话就能够决定求职者的去留，而求职者并不能确定自己的哪一句话会得罪这些个控制着自己前途命运的人。在这种地位悬殊的情况下，处在弱势的求职者不得不去揣摩面试官的性格特点，以期得到他们的认可。

面试官也是职场中的一分子，他们眼前的地位得来也是一步步地走上来的，所以，根据他们从事面试工作的长短，可以将他们划分为以下四个类型：

1. 初出茅庐型

初出茅庐的面试官由于缺乏面试的经验，所以他们的面试往往非常程式化。他们通常会遵循公司的甄选流程进行甄选工作，按照事先拟定好的面试问题一个一个地问，直到将所有的问题问完。当然，在你回答他的提问的过程中，他不会对你的答案做任何评价，即使最简单的评价也不会；更不会对某一个问题追根究底。面对这样的面试官，很难有机会展现出自己的才华，但同时也不会因为面试问题太过艰难而导致面试的失败。

这样的面试官并不能深入了解你，他只会从你的回答中抓取有效的信息，所以，在面对这样的面试官时，求职者一定要在简单的回答中充分展现自己的优势，比如自己具有英语六级水平、计算机二级水平、有在某大型公司工作的经验等等。这些明显的优势在这样的面试官面前是非常有用的。

初出茅庐的面试官一般都是主持初轮的面试，作为求职者千万不能小瞧了这样的面试官。他们虽然年轻，但是他们手中的权力却没有因为年轻而有丝毫的降低。所以，在他们的面前也一定要尽量地展现自己，否则，即使你学富五车也将难以出现在下一轮的面试中。

2. 盛气凌人型

这样的面试官总是高高在上，他们习惯于颐指气使，在面试的过程中，他们始终抓着主导权，并且似乎习惯于对求职者进行穷根究底的追问，直到求职者无言以对。在整个的面试过程中，他们就像是一个专门挑毛病的人，就等着从你嘴里说出不恰当的话来，好把你一票否决。所以，他们会对求职者不断地盘问，而且他们的问题绝对不是事先拟定好的，而是根据你的回答中的漏洞现抓出来的。这样的面试官总是让求职者穷于应付、不知所措，最终导致求职者在与他的较量中失败。

这样的面试官会让这个面试过程节奏加快，造成求职者的紧张，而越紧张就越容易出错。所以，应对这样的面试官，最重要的是在他的强势的盘问下，要保持冷静；只有保持冷静，才能保证自己的思维不会紊乱，才能更好地应对他一个接一个的问题。如果你被他的气势所压倒，被一个接一个的问题吓出一身冷汗，那么你必然会失败无疑。

3. 高谈阔论型

这类面试官总是反客为主，将面试变成推销自己的舞台，不厌其烦地向面试者讲述自己的"成功史"，讲述自己是如何从公司的底层成为中层领导的，是如何帮助公司发展的。这种面试官唱独角戏的面试让很多求职者不能适应。

面对这样的面试官，求职者不妨耐着性子细细倾听；如果可能的话，就围绕他所讲的内容进行反问，更进一步刺激他的倾诉欲望，你的这种表现会让他非常高兴。然而通常情况下，这样的面试官是没有决定权的，他所能给你的支持也是有限的。

4. "老奸巨猾"型

这些面试官是有着扎实的专业水准和丰富的工作经验的，也是所有面试官中最难对付的一种。很多时候，他们都会营造良好的谈话氛围，用慈祥的长者的口吻与你交流，让你彻底放松。而且他们提问的方式也往往天马行空，让你摸不着头脑。而正是在这样的过程中，他却能掌握关于你的最真实的信息。这类面试官的手腕高明，在不知不觉中就获取了所有他们感兴趣的关于你的信息。一般的求职者在这样的面试官面前，往往难以招架几个回合，很快就露出"原形"。

面对这样的面试官，求职者一定要照实回答，因为你的小把戏是瞒不过他们的。同时在他们的柔声细语中一定要保持警惕，否则一不小心就会掉入他们设置的陷阱。

3. 注意面试官的态度和表情

面试的结果并非一定要等到招聘单位的通知才能知道，事实上在面试的过程中，面试官的反应就是对求职者的表现的最好评价。在整个的过程中，面试官的态度和表情一定会随着面试的进行发生各种微妙的变化，求职者可以根据这些变化，掌握面试官所发出的信息，并且根据这些信息随时调整自己的应对策略，以此提高面试的成功率。

王昭已经毕业一年了，在这一年当中，王昭接连换了3份工作，每一份工作都没有超过3个月的时间。离职的原因五花八门，最终她选择了待业在家。过完年之后，王昭开始新一轮找工作的过程，这一回，王昭看到一家公司招聘行政助理的广告，于是她就投出了一份简历，并且获得了面试的机会。

面试还算顺利，性格开朗的王昭非常健谈，很快让面试官对她产生了很好的印象。然而当面试官提到工作经验的时候，王昭想也没想就把自己一年接连换4份工作的"壮举"说了出来。这一番话说出来之后，王昭发现面试官挂在脸上的笑容不见了，取而代之的是紧蹙的眉头。王昭意识到自己说错了话，赶紧收起了自己得意的面孔，转而一本正经地说，自己之所以会换那么多工作，是因为自己当时没有方向、不知道应该做什么，现在终于认清了以后的发展道路，那就是做行政，所以，这才来到这家公司面试。王昭说完之后，面试官的表情马上就由多云转晴了。最终王昭得到了这份工作。

面试官也是正常的人，虽然在这个行业中，总是强调不能将自己的喜怒表现在脸上，但是他们还是会在不经意间将自己心中所想表现在表情和动作中。所以，只要留神观察，求职者还是可以从面试官的表情和动作中判断出自己的表现是否符合他们的心意。

在面试中，求职者总是希望能够通过自己的表现征服面试官，因此一味地表现自己，很少注意面试官的表情，因而造成与面试官之间的不协调，难以形成默契，更不能发现面试官的态度。比如说，求职者口若悬河般滔滔不绝，早已经让面试官不耐烦，因此，面试官在面试过程中不断做出看手表、变换坐姿等动作，而求职者自己却没有意识到这个问题，还在不断地折磨面试官的"神经"。

面试是一个双向交流的过程，为了使交流愉快地进行，求职者必须从面试官那里不断得到反馈并据此调整自己的讲话内容和方式。面试官虽然不会明确地讲明自己的态度，但是他总会不自觉地将自己的态度转化为某种动作和表情。

1. 面试官在认真倾听

（1）面试官的上半身略往前倾，目光一直都集中在你身上，双手自然地置于桌面或大腿上，重心置于两脚尖并靠着椅脚。

（2）面试官的头往一方倾斜，但目光还是在你身上，双手双脚静止或循环地动作。

这两种动作表明面试官正在认真思考和分析你说话的内容，在这个时候你要把握住机会，好好地表现自己。一旦姿势有变，说明面试官已经思考完毕，若是他不再就这个话题再次发问，那就说明他已经对这个话题不再感兴趣，你最好赶紧转移话头，不要让他生出厌烦的情绪。

2. 面试官不愿意继续听下去

（1）面试官的表情呆滞，笑容僵硬，玩弄双手，变化双脚的位置，或两腿重叠抖动。

（2）面试官的眼神闪烁，背往后靠，头向后仰，搔头皮，或双手放在脑后，双脚僵硬。

第一个动作表明面试官根本对你所说的话题不感兴趣，一直心不在焉；第二个动作表明面试官已经对你的谈话达到了忍无可忍的地步，希望你马上停止讲话。一旦看到面试官做出这两个动作，你千万不要再口若悬河下去，否则你将彻底失去面试官的好感。最好能在出现第一个动作的时候就立马打住。

3. 面试官认同你的观点

（1）面试官的手不时地抚摸下巴，目光带着微笑看着你，还会微微地点头。

（2）面试官的眼神中带着鼓励，身体往前倾，男士双腿呈张开或外八，女士交叉翘脚，抬头托腮或抚面，有时也会微微地点头。

这两个动作都表示面试官对你的观点表示赞同。当面试官出现这两个动作的时候，你就可以趁势作兴，充分调动自己的智慧与才华，一举征服面试官。

4. 面试官对你产生反感

（1）面试官面无表情，两眼瞪着你，微蹙双眉，双手交叉抱拳于胸，或一只手横于胸前，另一只手的食指靠颊，大拇指顶着下巴，剩下三只手指盖着嘴巴，背往后靠，双腿张开或交叉翘脚。

这个动作表明面试官已经对你的谈话不满，至于是谈话的内容出现了令他反感的内容，还是谈话的方式让他难以接受，则需要你自己进行判断，立刻改变谈话的内容和方式。

（2）面试官的头斜向一旁并微微地朝下，嘴唇线条僵硬，眉毛上扬，眼露不屑。因为是斜眼看着地上，可能会伴随搔痒、揉眼的动作。

这个动作表明面试官不再信任你了，可能你谈话的内容中有很多夸大的成分，或者是本身并没有夸大而他却认为你是在夸大。这个时候你最好能够拿出实证来证明你所说的话，要不然你就会给他留下"王婆卖瓜，自卖自夸"的印象。

（3）面试官放松身体线条，背往后靠，双手放在脑后，目光游移。

这个动作说明你的谈话内容过于肤浅，根本没被面试官认可，这个时候你最好不要再说下去，静等着面试官提下一个问题吧。

4. 面试官常用的 4 把 "刷子"

面试就是面试官了解求职者的过程，在这个过程中，面试官会采取很多不同的办法，从不同的方面对求职者进行旁敲侧击，花样虽然千奇百怪，而归根到底，面试官所能采用的办法也只有四种：聊、讲、问、答。面试官将其想要了解到的信息用这四种方法进行表现，诱导求职者吐露实情，这就是面试。

1. 聊

一些求职者总是把面试看得非常郑重，就像是审判一样，而求职者就是被审者，等待着回答面试官的问题。事实上并非如此，好的面试总是在舒缓、融洽的氛围中进行的，所以，面试官总是会以聊天开启面试。

聊是面试的第一步骤。通常情况下，面试官在刚见到求职者的时候不会直接进行一问一答式的提问，这容易造成气氛的紧张，不易于求职者展现出真实的水平。所以，面试官在一开始的时候往往会采用聊的方式与求职者进行沟通。而聊的话题通常也不会太过专业，因为聊的最主要目的不是深入地了解求职者，而是为了营造良好的谈话氛围。所以，面试官通常会像与陌生人聊天一样，就求职者的基本信息进行交流。在这种简单的聊天过程中，面试官与求职者的关系拉近，求职者也得以放松下来。

2. 讲

当聊天使得求职者彻底放松下来之后，求职者的思维就会开始活跃，开始针对自己面试的目的，进行有针对性的讲述。

求职者参加面试的目的就是为了获得招聘单位的青睐，获得工作机会。所以，求职者在面试的过程中就会表现得相对积极，即使是在没有面试官引导的情况下，也会有目的地将自己的优势和自身的经历向面试官讲述，展示自己与应聘岗位相适宜的才能与品质。当然，这一切都要归功于一开始的聊天，因为如果没有一开始的聊天，求职者往往会不知道该怎样"讲"。

求职者的这一段"讲"是至关重要的。因为，面试官从这一段话中不仅可以看出求职者本身的专业能力和职业素养以及相关的从业经验，而且还能够通过这段话看出求职者的知识储量，思维的宽度、速度、深度、精度，语言的组织能力、逻辑能力、概括总结能力、化繁为简的能力、应变能力等，而这些东西恰恰是在简历中难以反映出来的东西。

所以，求职者在"讲"的时候，一定要充分调动自己所有的智慧和能力，千万不能被事先准备好的"演讲稿"所束缚，那会限制你的思维。而且背诵式的"讲"也往往容易被面试官所察觉。只要你能在这一过程中发挥好，那么你的面试已经成功了一半。

3. 问

求职者讲完之后，接下来就是面试官提问的时候。面试官的提问绝非是走流程，他们的提问总是有针对性的：要么针对你的简历所呈现的内容，要么针对你所"讲"的内容中矛盾的地方进行提问。在提问的过程中，面试官主要是要核实你的简历和你的自我介绍是否存在夸大和失实的地方，而且在这一过程中，面试官也可以对你进行深一步的了解。

4. 答

面对面试官的提问，求职者必须做出相应的回答，而回答的好坏则决定了面试的最终结果。由于面试官的提问总是刁钻古怪，一些求职者往往难以应付，最终败下阵来。所以，在面对面试官的提问时，求职者必须保持头脑的清醒、思维的清晰，只有这样，才能以最好的方式回答面试官的问题。

了解了面试官的"伎俩"之后，求职者就可以在面试之前进行充分的准备，见招拆招，一一化解面试官的刁难，让自己在面试中表现出最优异的一面，赢得面试的成功。

5. 识破面试官激将法的真实意图

为了能够挑选到最合适的员工，在面试的过程中，面试官会采用多种办法来考察求职者的各方面的能力，其中"激将法"是面试官用来淘汰部分面试者常用的手法。如果求职者不能有效地应对面试官的"激将法"，那么必然会被淘汰。

面试就是谈话过程，"激将法"表现在面试中就是语言陷阱。面试官在面试的过程中会用充满怀疑、尖锐冷峻、咄咄逼人的眼神逼视求职者，先令对方的心理防线步步溃退，然后冷不防地用一个明显不友好的发问激怒求职者。

李晨是应对面试的高手，几乎是每战必胜。然而李晨并不是那种特别优秀的人，尤其是在学习成绩方面，更是不尽如人意，所以，每次面试，他的学习成绩就成为面试官攻击的对象："你的成绩好像不太出众哦，你怎么证明自己的学习能力呢？"

李晨不慌不忙地说："除了学习，我还有很多其他活动，而且学习成绩也不能证明我的能力，事实上我的专业能力是相当不错的，如果您有疑问，可以当场测试一下。"李晨非常聪明，他避重就轻，绕开了令人尴尬的成绩问题，拿专业能力说事，既没有和面试官正面冲突，也没有掉进面试官的陷阱中。

　　面试官之所以会用"激将法"，目的就是为了考察求职者的智慧、性格、应变能力和心理承受能力。所以，在"激将法"面前，首先要做到的就是不要被面试官激怒；如果你被面试官"激怒"了，你就已经输掉了。

　　"激将法"往往具有一定的挑衅意味，面试官专门从求职者的薄弱环节下手，哪壶不开提哪壶，一下子就戳到了求职者的痛处，这很容易让求职者立刻暴怒，失去理智，与面试官发生正面的言语交锋。比如，面试官也许会问："女性常常会对自己的能力缺乏自信，你怎么看？"如果你回答："不见得吧"、"我看未必"或"完全不是这么回事"，那么你就掉进陷阱了，因为面试官希望听到的是你对这个问题的看法，而不是简单、生硬的反驳。这说明你是一个性格不够沉稳、心理承受能力太差的人。

　　同样，如果你在这样的问题面前，表现得局促不安，或者是随声附和面试官的问题，那么你也是掉进了对方的陷阱。比如，面试官问："你的相关工作经验比较欠缺，你怎么看？"你在那扭扭捏捏半天说不出一个字来，或者是崩出一个"嗯"字来就算完事，这说明你是一个缺乏应变能力和语言组织能力的人。

　　面试官用"激将法"的目的就是为了测试你，而并非是真的为了打击你，所以，当面试官提出一些比较尖锐的问题的时候，你一定要保持冷静，以最得体的语言和方式进行应对，用明谈缺点实论优点的方式巧妙地绕开面试官所提出的令你感觉尴尬的问题。比如：

　　1. 如果对方说："你经历太简单，而我们需要的是社会经验丰富的人。"

　　你可以微笑着回答："我确信如我有缘加盟贵单位，我将会很快成为社会经验丰富的人，我希望自己有这样一段经历。"

2. 如果对方说："我们需要名牌院校的求职者，你并非毕业于名牌院校。"

你可以幽默地说："听说比尔·盖兹也未毕业于哈佛大学。"

3. 如果对方说："你的专业怎么与所申请的职位不对口？"

你可以巧妙地回答说："据说，21 世纪最抢手的就是复合型人才，而外行的灵感也许会超过内行，因为他们没有思维定式，没有条条框框。"

4. 如果对方说："你的性格过于内向，这恐怕与我们的职业不合适。"

你可以微笑着回答："据说内向的人往往具有专心致志、锲而不舍的品质；另外我善于倾听，因为我感到应把发言机会多多地留给别人。"

5. 如果对方说："你的学习成绩不够优秀。"

你可以回答说："我的成绩是够不上优秀，那是因为我担任社团负责人，投入到社团活动上的精力太多。虽然我花在社团的心血也带给我不少的收获，但是学习成绩不是最优秀，这一点一直让我耿耿于怀。当意识到这一点后，我一直在设法纠正自己的偏差。"

面试官的"激将法"就像是一记重拳打向我们，如果我们立刻摆出一副防御的架势、予以狠狠的还击，那么我们必然会被打倒；同样，如果我们立刻闪避，不予理会，那么我们依然难逃失败的结局。最好的办法就是不闪不避，用以柔克刚的办法，让面试官的"一记重拳"像打到棉花上一样，既有着力点，又不会伤到我们。其实这也正是面试官愿意看到的结果。

6. 要听出面试官的潜台词

参加过多次面试的人会发现，很多时候，不同的面试中，面试官所提出的问题都是大同小异的。这些问题之所以能够长久流行，就是因为在它们的背后有潜台词，而通过这些问题，面试官已经可以不动声色地大致掌握求职者的信息。如果你已经参加过多次面试，而到现在依然不能了解这些问题背后的潜台词，给出的答案难以俘获面试官的心，那么工作永远都不会眷顾你。

肖俊是一名刚刚毕业的大学生，由于没有过面试的经验，所以在面试之前，他做了充分的准备。在面试中，面试官向肖俊提出的第一个问题就是"请你做一下简单的自我介绍"。肖俊千算万算也没有想到面试官会问这个问题，因为在肖俊看来简历就是一份最好的自我介绍，完全没有必要再问这个问题，但是面试官既然已经提出来了，又不能不回答。

于是，肖俊把自己简历里的内容全部重复了一遍，甚至连籍贯、民族等信息都没有漏掉。面试官听得眉头紧锁，到最后实在是忍不住了，只能打断了肖俊的话。

在面试的过程中，面试官会向求职者提出很多问题，而这些问题都绝非你所想象的那样简单，他们所希望的答案或许与你主观上认为的是不一致的，如果你不能按照他所想的那样去回答，那么你的答案必然不会为你的面试增分。

比如说自我介绍，这几乎是每一个面试官都会提出的问题，而这样的一个问题看起来是毫无意义的，因为我们的简历已经包括了关于我们的大致信息。事实上，面试官之所以会在面试的时候要你做自我介绍，是要看看你对自己有没有一个正确的认知，进而判断你的认知是否符合单位的需求。如果你在自我介绍中，依然把简历中呈现的内容重复一遍，那就真的是毫无意义了，白白浪费一个展现自己的机会。

所以，求职者对于那些面试官经常会提到的问题，一定要先掌握问题背后的潜台词，知道面试官想从这样的问题中了解到什么信息，只有这样，才能给出最能令面试官满意的答案。下面就列举一些经常会在面试中出现的问题以及其背后的潜台词。

1. 你可以做一下自我介绍吗？

潜台词：你有没有自知之明，你有些什么经验，这些经验是否值得我开这个价码。

在回答这个问题的时候不要啰哩啰嗦一大堆，除了自己的姓名以外，其余的基本信息不要提及，着重阐述你的专业能力和职业经验。

2. 你怎么看加班？

潜台词：你是不是听话，是否为了工作可以牺牲自己的利益。

回答这个问题的时候最好不要太绝对，说自己不介意加班，或者是完全不同意加班。谁都知道几乎每一个人都不愿意加班，如果你说不介意加班，那只能说明你不诚实；同样，几乎每一个工作都需要加班，如果你坚决不同意加班，那你的面试就可以到此为止了。

3. 你对薪水怎么看？

潜台词：你满意我们开出的薪水吗？你是否会为钱随意跳槽。

回答这个问题的时候，千万不要把具体的数字说出来，因为我们并不知道对方会给我们开出多少薪水，如果我们说出的数字太高的话，那么面试官是肯定不会要我们的。同时，我们也不要故作大方地说薪水无所谓。毕竟人都是要生存的，你越是说无所谓，面试官越是不敢要你，因为你绝对是一个漂泊不定的人，谁也料不定你什么时候会走。

4. 你为什么离开原来的公司？

潜台词：你能承受的底线在哪里，什么事情会让你离开。

这个问题最要不得的答案就是叽里咕噜说一堆上个公司的坏话，比如说待遇不好、老板不好相处、人际关系不好或者是压力太大等等。这样的回答会让人感觉你是属于那种抱怨型的，没有承受能力。

5. 你为什么应聘这个职位？

潜台词：这份工作能为你带来什么，你对这份工作的评价是否和公司想要达到的效果一致。

面试官最想听到的答案是你能为公司带来什么，能在这个岗位上做出什么样的成绩，而不是你想从这个职位上得到什么。所以，在回答这个问题的时候，尽量避免说你喜欢这个职位、这个职位很适合自己这样的空话，一定要有具体实在的内容。

6. 你了解我们的公司吗？

潜台词：你有多期待这个职位。

如果你对这家公司没有足够的了解，那么你对于自己所申请的职位必然也不会有太大的激情，难以在这个职位上做出成绩。所以，回答这个问题的时候最好能够说出面试公司辉煌的成绩，这样才能让面试官确认你的确是真的想得到这个职位，而不是随意投递的简历。

7. 有没有被批评的经历，面对批评，你是如何解决并且改进的，下一次会有何不同？

潜台词：你是否能勇于面对自己的不足，是否能以积极的态度面对负面的评价？

回答这样的问题最好要老老实实，千万不要说自己没有被批评的经历，因为每个人都肯定是被批评过的。这个问题回答的重点是在于后半部分，你是怎样面对和改进自己的不足的。

8. 如何看待工作和生活的平衡问题？

潜台词：你是否具有自己的独立价值观。

现代人的价值观与以前的人截然不同，大家都能够将工作与生活剥离开，而不是把工作当作是生活的全部，几乎所有的人都不希望工作占用自己的生活时间。回答这个问题的时候，千万不要以为强调工作的重要性是对的，因为那只能表明你是一个没有独立价值观的人。只要你明明白白阐述自己的观点就行了。

7. 根据提问，判断面试官的个性和好恶

求职者在面试中处在弱势的地位，想要获得面试官的青睐，得到工作机会，就必须在面试中投面试官"所好"。而要做到"投其所好"，就必须先掌握面试官的个性和好恶。

每个面试官都有自己的个性和好恶，这些都体现在他们的话语和举止当中。求职者很难在面试之前和面试官有所接触，所以，只能在面试的过程中判断面试官的个性和好恶。而在面试中，最能体现出面试官的个性和好恶的自然是他们的提问，面试官提问的内容和方式就集中体现了他的个性和好恶。

一、问题

1. 请自我介绍一下！

2. 在大学里你有什么收获？

3. 你印象最深刻的一件事是什么？

4. 你最失败的一件事是什以？

5. 讲讲你最成功的一件事！

6. 你为什么要进我们公司？

7. 你有什么职业规划？

面试官个性分析

1. 概括性强。面试官所问的问题几乎全部都是概括性的问题，也就是说，他希望应聘者是一个善于分析总结的人。

2. 中规中矩。面试官的提问简单得有些无聊，这说明他是一个很讲求实际的人，他相信凭借这些最简单的问题就可以判断出一个应聘者的素质。

3. 他可能很累！也可能对你不感兴趣！这个面试官根本不在乎申请人的个性化细节，全部都是照本宣科的提问，这很可能意味着他对该申请人毫无兴趣！

二、问题

1. 今天为什么穿得这么正式？

2. 有过多少面试经验了啊？

3. 为什么想来我们公司啊？

4. 医疗仪器行业为什么那么有前途啊？

5. 你说你有领导能力喔，怎么体现啊？

6. 那你进来我们公司，没有很多项目给你领导的哦，我们要不起你啊。

7. 你的英语怎样？你的简历上写得很好啊！

面试官个性分析

1. 个性随意，但不是温和派，而是强悍派。

2. 心直口快，比较尖刻。

三、问题

1. 你们班的同学中，一般找工作都怎么找的？找什么类型的工作？

2. 男生一般找哪些工作，女生呢？

3. 你们女生的成绩是不是不好啊？为什么不做技术？

4. 你的成绩是不是不好才不做技术？

5. 你的那么多经历，最深刻印象的一个是什么？

6. 为什么简历上没有那个经历？

7. 如果你在医院 sell 产品的时候，你会怎么 sell 呢？

8. 那你怎么 sell 产品？

9. 你觉得压力最大的时候是什么时候？

面试官个性分析

1. 好奇心强。

2. 心直口快。

3. 非常现实。

四、问题

1. 你的经历写得那么好，那么多好的 idea 你是怎么想出来的？

2. 你那么多兼职经历，你不用读书吗？

3. 你最深刻的经历是什么？

4. 你的经历中，有没有遇上什么比较大的困难啊？或者摔倒过在什么地方的？

5. 你是女生，做技术支持要面对的压力和体力要求，你有没有心理准备？

6. 为什么你的学生工作经历那么少？

7. 你觉得你"一面"的时候表现怎么样？

面试官个性分析

1. 乐于夸赞别人。

2. 对其他公司的招聘很好奇。

五、问题

1. 自我介绍一下吧（他眉头一直是皱的）！

2. 你有什么问题想问我的？（点评：多么地反常规，一般来说这个问题是最后才问的。）

面试官个性分析

1. 干脆利落，不喜欢拖泥带水。

2. 不按常规出牌，个性很强。

面试的时候，必须以面试官为中心，因为我们的才华和能力必须得到他们的认可，才能得到施展的机会。所以，在面试的时候，我们一定要学会"见风使舵"。事实上，面试中的见风使舵并非是毫无原则，而是根据环境的改变，调整自己的应对策略。比如说，当我们面对一个性子很急的面试官，难道我们还能慢吞吞地回答他的问题吗？

有了以上的关于面试官的个性分析，我们就可以在面试的时候根据面试官提问的问题和方式来判断面试官的性格和好恶。这样，我们在应对面试的时候，就能够"投其所好"，说到面试官的心坎里，取得面试的成功了。

8. 察言观色，轻松搞定 10 种"难缠"的面试官

每一个面试官都会用自己独有的方式来考察求职者是否具备从事工作的能力，作为求职者必须快速适应考官的考察方式，只有这样，才能有效地应对面试官的各种问题，将自己的才能表现给面试官看，从而获得他们的认可。根据面试官说话方式、思维方式的不同，可以将他们进行大致的分类，而在所有的类型中，最难搞定的就是以下 10 个类型：

1. "谦虚"的面试官

这种面试官没有任何架子，见到求职者之后，立刻上前寒暄握手，

给求职者造成一种自己才是这里的主人的错觉，让求职者信心大增。而事实上，他的表现都是一种假象，表面上看起来，这样的面试官容易应付，事实上他们却具有敏锐的洞察力，而且他们总是能够把洞察你的目的掩藏在令人感到舒适的表达方式中，让求职者在飘飘然中露出马脚。

面对这样的面试官时一定要保持高度的警惕，切不可因为他的慈祥而掉以轻心，或是一味地迎合他，或是一味地妄自尊大、自以为很了不起。应对这样的面试官，最好真心实意、老老实实地回答对方的提问，讲出自己的想法，这样才比较容易赢得他的好感。

2. 老练的面试官

这种面试官在面试的时候最是按章程办事，几乎每一个过程都做得完美无缺，比如说，你进门的时候回应你的打招呼、与你握手等小小的细节在他们那里也都毫无瑕疵。他们总是能够很好地隐藏自己的真实想法，让求职者难以把握其心思，无论你怎样回答他所提出的问题，他都是以简单的点头动作做回应。而他们的提问则非常具有专业性，问题与问题之间总是存在着缜密的逻辑性。

这样的面试官最欣赏的人就是那种性格沉稳、坚毅，办事精明高效、有责任心的人。所以，在这样的面试官面前，千万不要试图耍花枪，浮夸的做法在他那里是行不通的。回答他的提问的时候，最好中规中矩，尽量做到每一句话都实实在在、有具体的内容。那种宏观长远的设想最好不要说，他们对此不会感兴趣，反而会认为你不切实际。

3. "迟滞型"的面试官

这类面试官做事总是不紧不慢、谨慎小心，感觉上工作效率很低，为人也不爽快，好像对人总是不放心。他可能会先让你把准备好的材料递上去，仔仔细细地看一遍，然后再盘问你关于材料上的内容。而在面试的提问环节，他也会东拉西扯，问一些不着边际的问题。

碰到这样的面试官，很多求职者都会大叹倒霉，因为一场简单的面试在他那里可能会变成一场无聊茶话会。但是无论怎样，你也不能表现出不耐烦。说话的时候，一定要注意自己的语气，切不可生硬急躁；对他所提出的每一个问题，都详细地回答；不要随便打断他的话，即使你感觉他很啰嗦；如果有必要的话，可以主动询问是否有需要补充的地方。总而言之，打动这类面试官，最好的办法就是要有耐心。

4. 死板的面试官

这类面试官总是给人一种冷冷的感觉，从一进门开始，你就被他所散发出的冷气冻得不知道手脚该往哪里放。任何一种社交手段在这样的面试官面前似乎都不奏效，都不能缓和那种冷冷的气场。你进门他没有反应，你跟他打招呼他依然没有反应。整个面试的过程都掌握在这样的面试官的手里，他会向走过场一样一个接一个地问你问题，而不去注意你在说些什么，似乎你的回答根本对他毫无意义。

这类死板的考官不太喜欢与人打交道，所以面对他的时候，你不需要做过多的"预热"，也就是说不需要想与他拉近距离。在这样的面试官的脑子里，面试就是一个死的程序，那么作为求职者，你也不需要试图打破沉闷，只要按部就班地回答他的问题就可以了。

5. "唯我独尊"的面试官

这类面试官总是给人一种高高在上的感觉，求职者在面对这样的面试官的时候总是会有非常强烈的压抑感，因为他的举止、神情总是充满了傲慢和不屑。一些没有经验的求职者面对这样的面试官要么是自信心全失，要么是心中总是有一股怒火。

面对这样的面试官，最重要的是要进行心理战，千万不能因为他的高傲而自尊心受损，也不要因为他的不屑而心怀怨愤。无论怎样，我们首先要明确自己和他是平等的，让自己的心理处在一个平衡的地位上，以平和的心态面对这样的面试官，这样才能使你在面试中发挥正常。

6. 演讲家式的面试官

这类面试官都是天生的演讲家，他们喜欢在求职者面前滔滔不绝，他既有文学家般夸张的描述，又有理论家般透彻的分析，令人叹服，却又不着重点。他无心问及求职者的情况，只求淋漓尽致地表现自己。这让很多求职者无所适从。

面对这样的面试官，最佳的应对策略就是将自己打扮成一个优秀的聆听者。既然他愿意讲话，那你就让他说下去，千万不要认为他脱离了面试的主题而打断他的话，因为他们非常讨厌被打断的感觉。你要的是面试成功；只要他能够让你通过面试，你没有必要计较这场面试是不是正常。

7. 不动声色的面试官

这类面试官好像天生不爱说话，按理来说，面试应该由他们主导，而他们却总是放弃这个权利，任由你来发挥。当你实在找不到话说的时候，面试就结束了。

这类面试官真的让人难以适应，一些求职者面对这样的面试官的时候，甚至会一句话也说不出来，因为没有人引导话题的开始和进行。如果你也是这样哑口无言，就一定会被淘汰。这类面试官并不是不爱说话，而是他们愿意从一个旁观者的角度来观察你；如果你能够在他不主动参与的情况下，依然意气风发，主动寻找话题，那么你就是一个能够独当一面的人，你一定会成为这类面试官心中的优秀者。

8. 麻木的面试官

这类面试官经历了太多的面试，各种各样的求职者他都见过，所以他对面试已经提不起兴趣。在面试的过程中，他总是漫不经心，甚至一边听你说话，一边做其他的事情。

应对这样的面试官，唯一的办法就是刺激他的神经，让他对你产生新鲜感。只有这样，你才能给他留下深刻的印象。

9. 问话少的面试官

在面试中，可能会出现这么一种面试官，无论你说什么、做什么，他总是保持沉默。这让求职者非常尴尬，就如同被吊在半空中，上也不是，下也不是。但是如果你不能打破这种尴尬的局面，或者坐等面试官打破尴尬的局面，那你注定会被淘汰。那么你可以用下面 3 种方式缓解一下气氛：首先，补充前面谈话的内容，将前面谈的话题继续深入。其次，另起新的话题，当你感觉原来的话题已经没什么好说的，而面试官又不说话的时候，你最好选择一个新的话题继续谈下去。最后，将"球"踢给面试官，问问对方还需要了解自己哪些问题。

10. 面对"失态"的面试官

面试官主宰着求职者的命运，因而令很多求职者心怀敬畏，甚至把他们当成了"神"一样的人物。事实上，面试官也是凡人一个，也没有超凡入圣，他们也具有一般人所具有的缺点，受其专业知识、道德水平、性格缺陷的影响，他们也会在求职者面前"失态"，而他们的"失态"往往会给求职者带来很大的影响，一个应对不好，求职者就有可能会失去工作机会。所以，在面试官失态的时候，求职者一定要注意自己的言行，不要让自己的言行触怒面试官。当然，如果面试官侵犯了你的权益，你也不能任人宰割，而应该与面试官据理力争。

第五章

Chapter5

如何在 15 分钟内让面试官喜欢上你

　　面试能否成功，决定权在面试官的手中，所以，在面试中，采取一些有效的手段获取面试官的好感是一种必要的面试技巧。只要我们能够在短时间内获得面试官的好感，就可以大大提高我们面试成功的可能性。

1. 找到面试官的兴趣点，并恰当迎合

在众多的求职者中，只有引起面试官的兴趣的人，才能获得工作的机会，也就是说求职者在面试的过程中必须找到面试官的兴趣点，并根据他的兴趣点，在面试中引起面试官的兴趣。所以，求职者不仅要具备引以为自豪的学历和丰富的知识以及精湛的技艺，更重要的是还要把这些与面试官的兴趣结合在一起，用恰当的方式将其展现给面试官。

一位大学刚刚毕业的学生去参加面试，面试官向他提出了这样一个问题："你为何想到我公司里来干？"或许是在学校的时候养成的谦虚的习惯还没有改掉，他这样回答："我是来学习的，希望能获得更快更大的进步。"结果，他被直接淘汰掉。

这名大学生之所以会被直接淘汰，最重要的原因就是他没有把握住面试官的兴趣。在日趋激烈的竞争面前，面试官需要的是能够直接参与工作、给公司带来利润的人，而不是一个前来学习的人。所以，尽管这名同学可能一样具有足够的知识和能力做这份工作，但是最终没能得到工作。

面试就是面试官挑选自己喜欢的人的过程，作为被挑选对象的求职者自然要符合面试官的标准，才有可能会被挑中。所以，在回答面试官提出的问题的时候，一定要三思，先想象面试官希望听到什么样的答案。在现今的求职市场上胜出的人并非都是最有才华的人，只因为他们能够迎合面试官的兴趣，故而在面试官的眼里，他们是最优秀的，所以他们才胜出了。而那些才华最出众的人当中有一部分不懂得如何迎合面试官的兴趣，按照自己理解的方式参加面试，结果每一次都铩羽而归。

在面试的过程中，很多面试官提出的问题都是一样的，而每一个面试官想要听到的答案是不一样的。所以，参加不同的面试，不能用统一的口径来回答面试官的问题，而应该通过自己对该公司、该行业的了解，以及对该面试官的了解，准备不同的答案，用不同的表达方式说出来。虽说每一个面试官的兴趣点不同，但是毕竟是有迹可循的，因为每一个面试官进行面试都是为了寻找最适合工作的人。基于这一点，求职者就可以大致地确定在面试中说什么样的话，最能够引起和迎合面试官的兴趣了。

1. 要让面试官对你感兴趣。这需要精心准备自我介绍的内容。如果你不能在第一时间引起面试官的兴趣，那么对你接下来的面试将会非常不利。能够在第一时间引起面试官兴趣的自我介绍，必然会包含你对自己要竞争的职位的理解和将来要怎样开展工作，这会让面试官觉得你是真心实意前来面试并希望得到这份工作的，这比之淡而无味自传式的自我介绍要好得多。

2. 让面试官认为你是有价值的。当你引起了面试官的兴趣的时候，他就非常愿意进一步了解你的价值，这个时候你必须趁热打铁，将自己从事这份工作的优势都讲出来，这样能进一步让面试官喜欢你。如果你在这个时候无法证明自己的价值，那么面试官对你的兴趣也就会戛然而止。

3. 让面试官觉得与你沟通有收获，至少在交流过程中让人感觉很愉快。如果你能在面试中提到面试官最感兴趣的内容，那么面试官就会觉得在跟你的谈话中有所收获；如果你不能做到这一点，起码要做到言谈举止让人感到愉快，让面试官觉得跟你谈话虽无实质性的内容，却有一种神清气爽的感觉。

总之，迎合面试官的兴趣点，一是从谈话内容上迎合他，二是从谈话的方式上迎合他，因为整个的面试过程就是一个谈话的过程。在谈话的过程中，你要给面试官留下一种"山穷水尽疑无路，柳暗花明又一村"的新感觉，让他认为你的身上有挖掘不尽的宝藏，有更多能让他感兴趣的东西存在。只要你能够在内容和方式上迎合面试官，那么你的面试已经成功了。

面试官的兴趣点不是求职者主观臆测出来的，而是客观存在的，如果求职者总是从自己的角度去推测面试官的兴趣点，那么在面试中的迎合就会变得非常盲目，而盲目的迎合必定会带来面试的失败。

龚磊去参加一家广告公司的面试，在面试中，面试官问他对另外一家公司近期策划的一个大型活动有何看法。龚磊作为专业人士，自然是知道那场策划活动影响比较大而且创意及实施都相当成功，并收到了良好的社会和经济效益。但是转念一想，当着这家公司的面夸那家公司总归不好，再加上面试官肯定是想让我分析其不足的地方，于是龚磊牵强附会地找出了那场策划活动的不足之处。可是令他没想到的是，面试官却说："我倒认为那场策划挺成功的，值得借鉴学习。"

如果你的迎合是建立在自己的主观的想象中的，那么必然会以失败告终。有些时候如果你真的无法判断面试官的兴趣点在哪里，倒不如坚持自己的"本色"，这样也不至于让面试完全陷入被动。迎合面试官没有错，但是凡事过犹不及，在没有十足的把握的时候，最好不要随便地迎合面试官。

2. 趁机赞美，打破初次见面的尴尬

面试就如同是两个完全陌生的人初次见面，本身就略带一点尴尬，再加上处在弱势地位的求职者在面试的时候难免会有紧张感，尴尬更是不可避免。如果面试官不善于调节气氛，或者不愿意主动调节气氛，那么面试就会在尴尬的气氛中进行下去，面试的效果自然也就不会好。所以，作为求职者必须学会主动打破尴尬的气氛，只有这样才能营造良好的面试氛围，使得与面试官的交流愉悦、顺畅，增加面试成功的几率。

王辰是 MBA 毕业，毕业之后他就去一家公司应聘生产经理的职位。面试一开始的时候，气氛还算缓和，他首先叙述了自己的工作背景和对职位的理解，然后回答了面试官的几个问题，整个过程显得很平常。问题结束之后，面试官开始审查王辰的简历，气氛一下子沉寂下来，王辰也显得有些局促。王辰知道，如果这样下去，接下来的面试将难以顺利进行下去，所以他决定想办法打破尴尬的气氛。

趁着面试官低头不语的时候，王辰说："今天一个场子兜下来，您是我见过的最有水平的面试官。"

"哦？是吗？你说说我怎么有水平了？"面试官显然是对这个话题来了兴趣。

"今天场内的很多 HR 其实就只是一个简单的人事工作者，或者仅仅是来收取简历的，很少有你这样对职位匹配度、个人兴趣、背景、个人职业规划等询问得那么清楚的，而且还了解企业架构和企业发展目标。你做 HR 很多年了吧？……"

就这样，面试官被王辰的话吸引住了，两人像是多年的知己一样，

聊得非常高兴，面试就在这样的气氛中完成了。

面试是在一问一答中进行的，如果你不能打破尴尬的氛围，那么面试就会变成像审犯人一样，这样的面试不仅会让你自己感觉不舒服，也会让面试官觉得索然无味，就不会对你留下深刻的印象，更不会对你产生好感。所以，求职者应该学会用适当的言语打破尴尬的气氛，为沟通营造良好的环境，赞美面试官则是一个屡试不爽的招数。

每个人都喜欢听赞美的话，面试官也不例外。按马斯洛需要层次论来解释，是因为人都有获得尊重的需要，即对力量、权势和信任的需要；对名誉、威望的向往；对地位、权利、受人尊重的追求。而赞美则会使人的这一需要得到极大的满足。所以，恰当的赞美一定能够打动面试官的心，让他对你产生好感。在这种情况下，你与面试官的距离就被拉近了，面试就不会再那么机械化和程式化，尴尬的气氛自然也就消失得无影无踪了。

赞美和拍马屁是两回事：如果你在面试中对面试官拍马屁，那么你的面试必然会失败，因为你难脱讨好卖乖之嫌，即使面试官很受用你的那些话，他也不会录用你。所以，我们强调要恰到好处地赞美面试官。那么，怎样的赞美才能称得上是恰到好处呢？

1. 赞扬要有事实根据

求职者与面试官是第一次见面，不可能了解到关于面试官特别多的事情，除非这个面试官是一个在社会中特别有影响力的人。所以，赞美面试官的时候切不可天马行空，把有的没有的事情都加到面试官的头上。所谓"有事实根据"，就是最好能够抓住面试官在面试中所做的具体的某一件事，以此为引子，说出对对方的赞美，这样你的赞美就不会显得很突兀，不伦不类。就像上面的故事中一样，王辰没有给面试官戴高帽子，而是根据他做事的方式，赞美其是一个非常资深的 HR。如果你的赞美没有任何事实依据，而是一大堆空话大话，那么你绝对会被面试官当成是那种没有本事、只会溜须拍马的人。

2. 描绘细节

我们对于面试官并没有深入的了解,有些时候,可能想赞美,却不知道从何说起。其实赞美一个人非常容易,我们不需要从很大的方面来赞美面试官,赞美他有多么厉害,曾经为这家公司立下了多少汗马功劳,这样的话从一个根本不了解他的我们的嘴里说出来非常无味,面试官也不会因此而高兴。其实,只要我们留心观察,总是可以从细节处发现其优点。只要能抓住这一点,一样可以说出动听的赞美的语言,因为细节上的赞美更能够看出你的诚心。比如说,在面试官的桌子上放了两盆漂亮的花,我们就可以从这两盆花入手,赞美对方有生活情调,是个会享受生活的人。

3. 观察特异点

每个人都有异于他人的地方,而每个人也都希望别人能够发现他异于常人的地方,如果哪一个人能够适应面试官的这种心理,去观察发现他异于别人的不同之点来进行赞扬,一定会取得出乎意料的效果。

当然赞美的目的是为了打破尴尬的面试氛围,营造良好的沟通环境,构建良好的沟通基础,这一切都是为了接下来的面试做准备的。所以,求职者在赞美面试官的时候,一定要注意把握时间,切不可赞美到浑然忘我、把面试的正事忘了的地步。赞美的话在精而不在多,如果你没完没了,反而会让面试官反感,因为那呈现给面试官的不是真诚的称赞,而是赤裸裸的巴结奉承。

3. 面试官喜欢的是你正确有效的倾听

倾听是交流的重要组成部分,没有倾听就没有交流。倾听是对对方的一种尊重,试想一下,你在和别人说话的时候,对方总是心不在焉,你会不会很生气？在面试中，双向交流是必然的；有效地倾听面试官的话，让面试官充分感受到你对他的尊重，能够轻易化解他对你的刁难或作为陌生人的排异心理。求职者在做一个好的交流对象之前，一定要先学会做一个合格的倾听者。

倾听不仅能够赢得面试官的喜欢，正确有效的倾听更是让面试顺利进行下去的基础。比如说，一个南方人和一个北方人谈话，双方语言不通，彼此都听不明白对方在说什么，这样的交流必然是南辕北辙。当然在面试中并不会出现这种情况，但是由于面试中的交流都是暗藏机锋的，如果求职者不能对面试官的话正确有效的倾听，那么必然会对面试官的提问产生错误的理解，进而提供错误的答案。所以，求职者必须学会正确有效地倾听。

求职者在面试中处在被考察的地位，要时刻关注面试官的思维变化、谈话内容的要点、主题的转变，语音、语气、语调、节奏的变化等各种信号，准确进行分析判断，然后才能采取合理有效的应对措施。因此，"听"清楚考官的每句话，是最基础、最根本的问题。

杨明第一次去参加面试，在面试之前，他在网上搜集了很多关于面试的资料，并且准备了很多"标准答案"。然而在面试的那一天，面试官并没有按套路出牌，而是一开始就对杨明简历中关于出外进修一事表示出了浓厚的兴趣，不断地就这个问题进行追问。满脑子里都是"标准答案"的杨明被面试官打了一个措手不及，浑浑噩噩的他连面试官的问题都没有听清楚，他给出的答案自然让面试官频频皱眉。

整场面试，杨明都好像魂游太虚一样，答非所问让面试官实在是忍无可忍，最终提前终止了面试。杨明自然也失去了这次机会。

正确有效的倾听不仅仅是听清面试官说什么，更重要的是要听懂面试官说什么。一个求职者如果仅仅局限于听清面试官的话，那么必然不能让面试官满意，因为只要是耳朵没有问题的人都能听清。只有做到了听懂，才能根据面试官的意思给出面试官满意的答案，这样才能让面试官喜欢。那么求职者该怎样倾听，才能做到有效的倾听呢？

1. 耐心倾听

一些求职者在面试中总是表现得过于积极，当面试官提到一些非常熟悉、简单的话题的时候，没等面试官说完，求职者就打断面试官的话，断章取义地对面试官的话进行解读。这首先是不礼貌的行为，是对面试官的不尊重。打断面试官的话，明摆着是你不愿意继续听他说话，对于这种行为，面试官是很难容忍的。

还有一些求职者小心翼翼地通过了专业知识问答，在面试临近尾声时，得到了面试官的正面评价，就觉得通过这次面试没有问题了，于是开始憧憬下一步的打算，一不小心就分了神，面试官再说什么也就没注意到了。这被面试官看到眼里，往往会让他觉得很不舒服，也对应聘者有了不好的印象，最后的评分会大打折扣。

2. 仔细倾听

体现自己仔细倾听的最好办法就是积极与面试官配合，对面试官所提出的观点表示赞同或者是提出自己的意见，还可以就面试官提出的问题进行提问。从你这样的举动中，面试官可以清楚地知道你在仔细听他说的话，没有漏掉任何一句。

3. 用心倾听

用心倾听是听懂面试官的话最重要的方法。在听面试官提问的时候，要始终全神贯注，保持饱满的精神状态，专心致志注视着对方，以表明你对他的谈话感兴趣。同时，将面试官所说的每一句话都好好地过过脑子，善于从中发现和提炼出其真正的含义。

以上三点是关于我们在倾听时的态度。除此之外，在倾听的过程中还要注意以下细节：

1. 不仅要听对方所说的事实内容或说话的本身，更要留意他所表现的情绪，加以捕捉。

2. 注意对方尽量避而不谈的有哪些方面，这些方面可能正是问题的关键所在。

3. 必要时，将对方所说的予以提要重述，以表示你在注意听，也鼓励对方说下去。

4. 在谈话中间，避免直接的置疑和反驳，让对方畅所欲言。即使有问题，留到稍后再来查证。此时重要的是，获知对方的真实想法。

5. 遇到你确实想多知道一些的事情时，不妨重复对方所说的要点，请他做进一步的解释和澄清。

6. 不要自己在情绪上过于激动，此时要尽量了解对方；如果你赞同对方的观点，适当表示一下就可以了，关键是态度要诚恳，行为要表现得像是发自内心一样，不可过于张扬，哈哈大笑，欢呼雀跃是不得体的；如果你反对对方的观点，应暂时予以保留，如果造成考官对你的错误排斥，应找时机礼貌地予以解释或说明。

7. 注意找出信息的关键部分。

8. 关注中心问题，不要使思维迷乱。

9. 记录下重要的部分。

10. 不要过早做出结论和判断。

11. 倾听只针对信息，而不是针对传递信息的人。

12. 尽量忽视周围环境中让你不舒服的东西。

13. 注意说话者的非语言信息。

14. 不要害怕听到困难而复杂的信息。面试录用的原则是择优，是一种相对水平的比较：对你来说复杂困难的信息对别人来讲可能更为复杂困难；你感觉很难应付，别人可能感觉根本无法应付。面对困难的时候，才是考验你的时候，也才是你崭露头角的时候，一定要保持镇静和自信，尽自己的心力去想办法。

4. 绝对不能问面试官自己投的是什么职位

面试是面试官主动测试，求职者被动应试的过程，而求职却是求职者主动的行为，所以，有很多问题是求职者在面试之前就了解到的，而不应该放到面试中去问。如果求职者不注意这一点，问一些很没有水准的话，那么必然会为此而丧失工作机会。

杨光大学刚刚毕业，由于缺乏工作经验，所以找工作很困难，为了提高获得面试的机会，他成了"海投族"，每天都在网上投大量的简历。果然，他接到面试的通知比一开始的时候大有提高。但是每次面试回来，他都是垂头丧气，因为几乎没有一次面试能够成功。问题的根源出在哪儿呢？就出在他在面试中提的问题上。

由于每天在网上投的简历太多，所以他根本就不知道自己究竟投了哪家公司、应聘的是什么职位，在面试之前也不去网上查一查，所以，每一次去面试的时候，他都会向面试官提出一个愚蠢的问题："我面试的是什么职位？"他的这个问题让所有面试官不满，几乎没有一个面试官在听到他的这个问题之后还让他继续面试下去的。

如果像"我投的什么职位"这样的问题你也要去问面试官，那么只能说明你的求职态度有问题。没有一个面试官愿意留下一个连自己想干什么和要干什么都不知道的人。求职是一件非常严肃的事情，对于求职者而言更是一件非常重要的事情，每一个求职者都应该认真对待。在面试官看来，如果你是真心求职，那么你必然会对你所投的公司和职位有确切的了解；如果你没有的话，那就只能证明你并非真心实意地想要得到这份工作。

的确，现在的人面临很大的求职压力，所以大量投简历也无可厚非，但是大量也不能没有限制，不能任意乱投。即使你投了很多简历，你也应该把你所投出的简历进行记录，将所投向的公司和应聘的职位进行列表。这样，一旦你接到面试通知，就可以马上查到相关的信息。再者说，现在互联网信息发达，通过网络投出的简历都可以在网上重新查到，只要你勤快一点，就可以在事先知道，也不至于在面试的时候提出那样愚蠢的问题。

除了"自己投的什么职位"这个问题不能问以外，在面试中还有一些问题也不能问，那些问题也会让你在面试官心中的形象一落千丈，让你的面试成绩瞬间滑坡。在面试结束的时候，面试官通常会问求职者还有没有什么问题要问，这个时候，绝不是畅所欲言的时候，有很多问题是不能问的。如果求职者问了不该问的问题，那么很有可能会把到手的工作弄丢。

1. 咨询公司背景情况

当今的社会是一个互联网的社会，作为一个有素质的应聘者，在参加面试之前，应该做好面试单位的背景、业务范围以及自己所要应聘职位的具体工作范畴的调查。如果到了面试的场合，你还要咨询公司具体是做什么的，那就意味着，你告诉面试官，你是一个毫无准备的应聘者。这种情况，无论是在中文面试还是英文面试中，都是超级忌讳的。

2. 咨询升职机会

升职机会是与自己的前途息息相关的问题，按理来说求职者是应该询问的，但是如果你在面试的时候直接将这个问题提出，那会让面试官觉得你这个人太过功利，会给面试官留下不可靠的印象。当然，如果你非常注重这方面的信息的话，你也可以提问，但是不能如此直接地提出，而应该换另外一种问法，比如你可以试着问公司是否每年都有绩效审核以及薪资评估。

3. 咨询其他相关的职位

很多应聘者在参加面试的时候，有时会发现自己的能力比所要应聘的职位能力的要求高出很多，但是又因为对于这家特别地喜爱，最后就会向面试官咨询是否有相关合适的应聘职位。在咨询相关职位的时候，不能够过于直接，因为如果应聘者过于直接的话，会引起面试官的反感。

在面试的时候，最好是不要咨询面试官是否有其他合适的相关职位；如果真的是很喜欢这家公司，再加上自己的能力真的是很不错的话，可以用非常委婉的方式咨询面试官。例如应聘者可以通过自己上一份工作的表现，委婉地告诉面试官自己的能力水平。如果你运气好，遇上了一个通情达理的面试官的话，那么你的这个问题最后会得到答案。

4. 公司有多少假期

面试结束并不意味着你已经得到了这份工作，如果你在这个时候就提出假期的问题，那么足见你是一个慵懒的人，这有可能会让你本来能够到手的工作就因为这个问题而没了。通常情况下，面试官会主动将这个问题告诉你，所以，你不必着急去询问这方面的问题。

5. 面试中你要闭紧嘴巴的话题

在整个面试过程中，不可能都是你与面试官之间关于工作的问答，有些时候碰到健谈的面试官，他会跟你谈论很多和面试无关的话题。这个时候，求职者最容易犯的错误就是口无遮拦，想到什么话题就说什么话题，这很有可能会引火烧身，因为你并不知道面试官究竟喜欢什么样的话题，所以你很有可能会触犯到他的禁忌。

王莹是大学中文系毕业的。她去一家杂志社应聘编辑工作，碰到了一位特别能说的面试官，在面试结束之后，面试官和王莹闲聊起来。王莹感觉这个面试官非常好说话，于是也放开胆子跟他天南海北地说了起来。也许是由于专业问题，不自觉中，王莹就把话题扯到了国学的问题上，王莹一再地强调传统的儒释道三家的思想是最好、最正确的，为了证明自己的说法，她还与《圣经》里的内容进行比较。

就在王莹唾沫横飞的时候，她突然发现面试官好像对这个话题一点都不感兴趣，因为从始至终他都没有说一句话。识相的王莹立刻终止了这个话题。面试结果出来之后，王莹没有被录用，她百思不得其解，明明在面试时表现得非常好。

事实上，造成王莹的失败的原因就在于最后的闲聊。王莹一再地攻击《圣经》，岂知面试官就是一个虔诚的基督教信徒。

在与自己熟悉的朋友谈话的时候，我们总是能够做到不去触碰对方的底线。然而面对陌生的面试官，我们往往难以把握，因为我们并不了解他，并不知道什么样的话是不能出口的。所以，求职者在和面试官聊天的时候，更应该小心万分，不能什么话都说。事实上，规避触犯面试官的方法也很简单，只要是你所谈论的话题不具有攻击性和两方分歧，就一定不会让面试官反感。你并不知道面试官究竟站在分歧的哪一边，所以，尽量不要说这方面的话题。那么在面试中究竟有哪些话题不应出现呢？

1. 性别或种族偏见。职场里不容许性别和种族歧视。

2. 心爱的明星球队或运动员。你最喜欢的可能是面试官最讨厌的，即使光凭这一点就反对你很不合理，可是也无可厚非。

3. 为面试官取得某物或某种特殊商品的提议。举例来说，"我能为你买到批发价"或许是事实，或换了个场景会表现出你待人的热忱，可是在面试时则格格不入，而且会显得你在贿赂面试官。

4. 谈到你刚搬离之某地区的天气或交通，或任何风土人物，你把它们批评得体无完肤。（你也许碰巧批评到面试官的家乡，而面试官又正巧深感怀乡之情。）

5. 你如何地厌恶数学、科学或其他特别学科，虽然表面上看来似乎与此职位无关。（公司主管阶级也许正巧期望员工擅长数理。）

6. 丝毫无益于前途的个人憎恶。比如，守时就是很安全的话题，譬如说你这人十分准时，对老爱迟到的人感到很头痛。

7. 抱怨面试官让你久等，或你填写工作申请表或接受打字测验的房间热得会烤死人。你想表现给面试官的是你的积极面，一味抱怨则适得其反。

8. 透露力有未逮之处。举例说，由于家累，你无法同意下午 5 点以后留下来加班，你没有必要主动自曝其短。这条策略当然也有例外，如果雇主明言员工必须同意偶尔留下来加班，而且这是该职位的先决条件，你就一定得实话实说。请记住：某些状况临场会有变化，要自行斟酌；万一到时候公司对你提出某种特殊要求，说不定你的状况已有改变。

9. 老提大人物名号以自抬身价。举例说，你前任老板是个室内设计师，你曾协助她装潢某位名人的宅邸，名人的排场和派头并不值得你大吹大擂。假使你真的与某些社交名流为友，留心别造成你在吹嘘自己的印象。

10. 漫无焦点的闲扯淡。你回答完问题或作完一段评论，就此打住，等待下文。话点到为止，喋喋不休徒然无益。

11. 谈话偶尔会陷于沉默，为了化解冷场的情况，你脑中浮现的念头，不可随意脱口而出。务必三思而后言。

12. 将面试官赞美得天花乱坠。即使你诚心佩服其人，在这种情况下，你的赞美可能遭到误解，别人误认为你是阿谀奉承。

13. 宗教话题。每个人都有自己的宗教信仰，在你不了解之前，切记不要对此发表自己的看法。

14. 政治话题。政治话题不适宜出现在职场中，而且如果你的政见有明显的针对性，也有可能会触犯到面试官。

6. 5 种面试最难成功的人

在求职的过程中，总是有那么一批人，学历背景、工作能力、经历经验都不比别人差，但是频频在求职中失利，每次都在面试中惨遭败北。如果你是这么一个人，那么你就要仔细看下面的内容，对照一下，看看自己是否属于以下的 5 种人之一，如果是，你的求职失败就不足为奇了。

1. 隐瞒真实资料的不诚实者

简历是面试官认识求职者的第一步，只有在面试官对你的简历感兴趣的情况下，他才会通知你前去面试。所以，在简历中突出自己的个人特点、体现自己的优势都是非常必要的。但是如果你在简历中隐瞒自己的真实情况欺骗面试官，即使你能够获得面试的机会，在面试的时候也会被淘汰掉。因为诚实是个人品格问题，个人品格是公司对员工最基本的要求。

张明是一个大专应届毕业生，在找工作的时候发现一家公司在招聘网络工程师的职位，他感觉非常适合自己，但是在招聘广告中写明只招收本科生。张明为了取得面试的机会，在自己的简历中写下了"本科毕业"，于是他获得了面试的机会。

在面试中，张明表现得非常好，面试官也非常满意，于是让他两天之后前来上班。临走的时候，面试官让张明在上班的时候把毕业证书复印一份带过来。到了这个时候，张明不得不说了实话。面试官听了之后，让张明回家等消息。一天之后，该公司的人事部门打电话给张明，最终没有录取他。

求职压力加大，在简历中注水的情况非常常见，这种做法是行不通的，即使你的注水能够在一段时间之内不被发现，但是长时间下去，早晚会被发现。一旦被发现，你本来已经被认可的工作能力也会因为你的不诚实而不能发挥任何作用，到手的工作也会不翼而飞。

2. 频繁跳槽稳定性不高者

刚刚毕业的大学生往往视跳槽为正常现象，因为在他们看来，自己还处在职业规划的迷茫期，对自己还没有很好的定位，因此多换几份工作，可以从中找到自己的目标。然而，长久下去，等你不再是应届毕业生，你在求职中的劣势就会逐渐凸现，你简历中频繁跳槽的经历将会扼杀你的职场前途。

调查显示：每份工作的时间都长不过两年，甚至每隔几个月就要换东家，频繁跳槽到最后，越跳越糟。从公司的角度来讲，他当然希望自己能够招到一个能够为公司长期效力的人。如果你曾经频繁跳槽，那么面试官就会认为你是一个不安稳的人，随时都有可能再次跳槽。所以无论你的工作能力有多强，他都不敢录取你这个干不了几个月就会"跳槽"的人。

3. 只谈薪水的人

面试是向面试官展示自己能力的时候，如果你在整个的面试过程中，总是强调薪水问题，那么面试官很难想象你会是一个能安分工作的人。如果你的要价再高上那么一点，面试官就真的爱莫能助了。无论你是职场新人，还是有经验的老手，薪水问题都不是应该挂在嘴边的事情。即使你真的是把薪水放在第一位，也不能在面试官面前表现出来。这个问题应是一个心照不宣的事情。

4. 不注重个人形象者

首先，员工的个人形象是公司形象的重要组成部分，现代的公司对此非常重视；其次，一个连自己的形象都不在乎的人，对工作恐怕也不会上心。所以，如果你不懂得维护自己的形象，那么招聘单位也很难愿意录用你，因为他不想因为你一个人而影响整个公司给外人留下的印象。所以，当你接到面试通知的时候，先不要急着去参加面试，而要好好地审视一下自己，看看自己的一身行头和装扮是否和该公司的企业文化和公司形象相符合。

5. 面对工作压力面露惧色者

当你的自我表现完成之后，面试官通常会把工作的内容和工作的辛苦程度告诉你，算是提前给你打了一剂预防针，也就是俗话说的"丑话说在前头"。如果你在这个时候面露难色，或者是沉吟不语，那么你前面的表现就算是白费了，因为你此时的表现代表你是一个不能承受工作压力的人：只是给你描述一下工作，你就这个样子，万一真地录取了你，你岂不是会在工作中不断地抱怨？

所以，当面试官说这些事情的时候，你一定要表现出"大义凛然"的样子，摆出"有条件要上，没有条件创造条件也要上"的态度，这样才能赢得面试官的欣赏。

7. 面试中不能有的 8 种说话方式和态度

俗话说"见人说人话，见鬼说鬼话"，那么在见到面试官的时候，也应该"见面试官说面试官话"，只有这样，你才能获得面试官的好感。所以，在面试的过程中，你要明了自己的身份，不要把和家人、朋友说话的态度和方式带到面试中去，否则，你一定会因此而触怒面试官。那么，在面试中哪些说话的态度和方式不能出现呢？

1. "以自我为中心"的夸夸其谈

如果你是属于那种喜欢自吹自擂、夸夸其谈的人，那么你就要小心了，因为你在朋友堆里这样，他们或许会一笑置之，甚至是随声附和两句，但是如果你在面试官面前也这样的话，那么你必然会给面试官留下非常不好的印象，让他对你产生鄙夷之心。不要忘记，面试是以面试官为主导的，而不是以你为中心的。

面试官希望通过面试掌握你究竟有多大的能力，所以他会给你展示自己的机会，但是你不能抓住一个机会就没完没了。如果你就一个问题东拉西扯、乱侃一通，那么面试官肯定会非常反感。比如说，面试官问你的个性，你完全可以简单明了地说明。如果你话匣子一开，连你小学发生的事情都拉了出来，那面试官岂会有心情去听你的"胡说八道"？

解决"夸夸其谈"的坏毛病，最重要的是要紧扣面试官的提问，就面试官所提问的内容来回答，不要随意地进行天马行空的扩展，否则话题越扯越远，越扯越多，想再收回来就很难了。

2. 迫不及待地抢话或争辩

喜欢抢话和争辩的人要注意了，如果你在面试官的面前有这样的表现，那么你注定是要被淘汰的。无论是抢话还是辩论都属于一种不礼貌的行为，面试官难以接受求职者与自己这样说话。一些求职者为了表现自己，往往会在"语言"上"攻击"面试官，极强的表现欲望使得他们忽略了面试官的感受，没等面试官说上两三句，立刻就把话头抢回来，卖弄自己的口才，力求在谈话的过程中，始终处在上风。这种行为是非常不理智的，要知道，面试官才是面试的主导者，你总是截住面试官的话或者与他发生争辩，他如何将面试进行下去？从面试官的角度来讲，一个求职者不断地挑战自己的权威，无论如何是难以忍受的。

无论你对面试官的问题有多么深奥和高明的见解，也应该等到面试官把话说完再来表现，这是对面试官的起码的尊重；如果你抢在面试官的前头来表现自己，那么面试官看到的就只有你的狂妄，而不是你的才华。

争辩就更加要不得了，即使你的观点是正确的，你也要尽量避免用辩论的口气与面试官说话。否则即使争辩能够表现出你的才智、机灵、推理能力和说服能力，面试官恐怕也没有心情去欣赏了。

总而言之，面试是为了得到工作，不是为了与面试官进行辩论。如果你无法改掉自己喜欢辩论的毛病的话，那么面试官会认为你"根本不是来找工作的，而是故意来找碴儿的"，那个时候可就得不偿失了。

3. 关键时刻反应木讷

"沉默是金"并不适用于面试的场合，如果你在回答面试官的问题的时候，依然是惜字如金的话，那么面试官是无法从你的回答中发现你的才能的，反而会认为你是一个反应迟钝的人。那样的话，你的求职就只能宣告失败了，因为没有哪一家公司会愿意录用一个反应迟钝的人。

与夸夸其谈一样，沉默也是走上了一个极端，面试官不喜欢夸夸其谈的人，同样也不喜欢一个沉默的人。沉默只能说明你不自信、缺乏应对的能力，这样的人如何能让面试官相信能够胜任工作呢？

4. 好为人师的人

在现实的生活中有这样一种人，他们总是好为人师，在朋友圈子里，俨然就是一个指路的名师，对朋友指指点点、指手画脚。或许你的确有做"人师"的才华，但是如果你在面试官的面前也这样表现的话，那么对不起，面试官不需要一个老师。

在你的周围或许有一帮人需要你的"指点"，但是面试官是不需要的，即使你有很多好的建议，也不足以打动面试官。当你"指点"面试官的时候，多多少少都会有一点批评的意味在其中，这种批评对于面试官来说，是不可能接受的。如果面试官真的听从了你的建议，那么只能说明他是一个没有主见的面试官。

所以，当主考官让你谈想法、提建议的时候，你一定要管好自己的嘴巴，不要在说话的过程中，角色突然转变，成为面试官的"老师"。做到这一点，重要的是在讲述自己的建议的时候，采用简单的平铺直叙的方式，也不要在这个过程中与面试官进行所谓的"互动"，否则难保你不会说走了嘴。

5. 提低级问题

面试官通常会针对专业问题或者是公司的状况与你进行探讨，在这个过程中，你少不了要向面试官提一些问题，这个时候一定要注意自己所提的问题是否具有专业水准或者是现实意义。如果没有的话，最好不要出口，那些低级幼稚的问题只会让面试官啼笑皆非，降低对你的好感。

6. 目中无人

一些有"资本"的求职者往往会表现得非常骄傲，这是人的通病：每一个有能耐的人都想要向别人炫耀。但是你不要忘记，你是来面试的，是要向面试官展示自己的能力、获得面试官认可的，而不是向面试官发起挑战的。如果你在面试官面前大谈特谈自己的"传奇人生"，将面试官的风头全都压了下去，那么面试官难免会"火大"。他一"火大"，你可就悬了。

无论你有多大的能耐，你曾经有过多么辉煌的经历，甚至对你进行面试的面试官也无法和你相比，你也不能目中无人，毕竟在面试的过程中，你还是相对处在弱势的地位的。你再大的能力也有可能会因为面试官的一句话而毫无作用。

7. 滥用时尚语

在网络发达的当代社会，人们"造词"的能力日益提高，新的流行词不断出现，而大多数的年轻人为了追求时尚，往往会把正在流行的词挂在嘴边上。这本来并不是什么大问题，但是如果你在面试的过程中也是如此的话，那就是一个大问题了。

时尚流行词往往比较轻浮，如果你总是用那些词来表达你的思想，那么只能说明你是一个没有自我思考能力的人。再加上面试官往往对那些时尚流行词并不感冒，你说得越多，面试官只会越反感。

8. 不分对象地乱倒苦水

求职面试不是诉苦会，更不是救助会。无论你有多么大的不幸，家里遇到过什么样的变故，职场上曾经遇到过什么挫折，都不应该向面试官倾诉，他对这样的话题并不感兴趣。但是有些弱势求职者在平时的生活里已经习惯了向身边的朋友诉苦，经常会管不住自己的嘴巴，一旦话题涉及这个问题上，往往会不自主地大倒特倒一番。

每个人都有可能会遇到不幸的事情，对于心理承受能力强的人来说，过往的不幸只是生活历练的一部分，但是对于心理承受能力差的人来说，那就是一辈子也忘不掉的悲剧，成天地唏嘘感叹。如果你在面试官的面前说这些事情，面试官会同情你，但是他绝不会因为同情你而录用你。你无法从过往的不幸中走出来，这只能说明你的心理素质太差，面试官又怎么会录取一个"苦大仇深"的人呢？

关键时刻,如何秀出自己,脱颖而出

　　才华是决定一个人能否面试成功的重要因素,却不是唯一的因素。在面试同一个职位的时候,有同等才华,或者是比我们更优秀的人并非不存在。然而,只要我们能够在面试中秀出自己,让自己脱颖而出,就可以超越他人,取得最终的成功。有才华不一定能面试成功,能够在面试中秀出自己的才华的人才能成功。

1. 有自信心是面试成功的关键

无论在什么时候，能否拥有坚定的信心都会对一个人的成功产生重要的影响；求职者要想取得面试的成功，就必须拥有坚定的自信。缺乏自信的人，首先会在气质上矮上一截，给面试官留下不好的印象，一个不自信的求职者是不可能取信于面试官的；其次，面对面试官的问题，缺乏自信会有天然的恐惧心理，在这种心理的作用下，是难以给出令人满意的答案的。

佳丽是一个内向的女孩，每次去参加面试的时候都是脚不知往哪儿放，头不敢抬，眼睛也不看人，整场面试就是在低着头中过去的，本来已经准备好的问题，到了面试的时候也脑子里一片空白，常常是答非所问。就这样，她一次次地经历面试的失败，多次的失败更是加重了她不自信的心理，在她眼里，自己就是一个不行的人。

长时间找不到工作让佳丽苦恼不已，她也不愿意自己就这样下去，于是她找到了一名顾问，请求帮助。职业顾问对于佳丽这种情况已经是司空见惯，于是就给佳丽制定了专门的辅导计划。渐渐地，佳丽的信心慢慢增长。每次面试失败之后，佳丽的自信都会增强一分，而不是像以前一样恶性循环了。最终，她找到了一份理想的工作，

自信是对自己能力的一种肯定，是一种源于内心的力量；有了自信，无论面对什么困难的事情，都会勇往直前，都能够从容应对。其

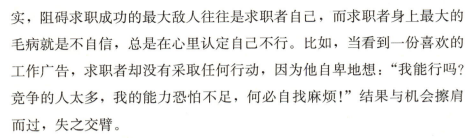

实，阻碍求职成功的最大敌人往往是求职者自己，而求职者身上最大的毛病就是不自信，总是在心里认定自己不行。比如，当看到一份喜欢的工作广告，求职者却没有采取任何行动，因为他自卑地想："我能行吗？竞争的人太多，我的能力恐怕不足，何必自找麻烦！"结果与机会擦肩而过，失之交臂。

作为求职者，必须首先树立对自己的信心，肯定自己的能力，只有这样，才能有勇气去参加心仪公司的面试，才能在面试中展现出自己的真正能力，才能获得面试官的青睐。我们都知道有一些大型公司在招聘时会设定很高的门槛，这让很多自身条件很好、在学历或者工作经验上却达不到要求的人望而却步。然而，在这些人当中也有一些充满自信的人，敢于向这样的工作发起挑战，并取得成功。一位大专学历的小女生，凭着勇气和自信，连闯数关，被法国欧尚公司录用；另有一名普通的大学毕业生连闯 9 关，经过 6 小时奋战进入微软；还有直接飞往Google 总部的职场新人。

自信也是面试官考察的一项重要内容，因为只有有自信的人，才能在将来的岗位上做出成绩。所以，面试官会在面试的过程中，通过观察你的一举一动来判断你是否具有信心。通常情况下，一个人是否自信可以从以下几个方面看出：

1. 目光：如果你在面试的时候，目光不敢正视面试官的目光或一触到即躲开，或盯着某一个固定的地方，这些都是内心胆怯的表现，属于不自信。

2. 手势：如果你在面试中一直无意识地抓住什么东西（比如说衣角），或者双手扭在一起，这可能就是因恐惧而造成的，属于不自信。

3. 姿势：如果你在面试中姿势不自然，比如双肩耸起、身体前倾、双臂交叉在胸前等，属于保护自己的习惯动作，是不自信的表现。

4. 语言表达：如果你在回答面试官的问题时，语调生硬、语速不稳、语音发颤，时刻关注面试官的感觉，这都是不自信的表现。

5. 语言内容：如果你在回答面试官的问题的时候，盲目地跟随面试官的特意引导而不坚持己见的话，那你就是一个不自信的人。

如果你在面试中有以上的几种表现，那么即使你才华横溢，也会被无情地淘汰掉。面试的过程很短，面试官无法在这么短的时间内完全看清楚你的才华，而你的不自信已经可以让面试官断定你是一个能力不足的人。所以，在面试的时候，除了要尽量展示自己的才能以外，还要用强烈的自信心去感染面试官，让面试官相信你是一个有才能的人。

造成求职者自信心不足的原因很多，比如学历不高、非重点院校毕业、没有面试和工作经验、招聘单位门槛过高以及求职受挫等等。这导致求职者每次面试的时候都是抱着试试看的心理，而不是必胜的信念，因而在面试的过程中，总是畏畏缩缩。要想重新树立信心，就必须善于发现自己的长处和优势，而不耿耿于怀自己的求职短板。你可以试着将自己的优势列举出来，并不断地重复；当你看到招聘启事的时候，可以用优势说服自己，告诉自己一定可以胜任这份工作。

充分的准备也是拥有自信的前提，因此在接到面试通知之后，应该着手做好准备，仔细分析面试中的每一个环节，并将所有需要的资料都准备好。这样，必然可以增加自己的信心。除此之外，最重要的是要把心态放平和。一些求职者在面试的过程中，总是把自己看作是弱势的一方，因而在面试中，对面试官心存畏惧，这造成了面试中的紧张和不自信。虽然求职者在求职的过程中处在弱势地位，但是在面试的时候，我们要将自己与面试官放在同等的位置上，这需要求职者树立以下心态：

1. 面试的目的是合作而不是竞争。面试官的目的是为了把最优秀的人才引进到自己的公司中来，而不是为了站在高高的位置上看求职者之间的龙争虎斗。所以，你与面试官之间是友好的。

2. 面试中两者的地位是平等的，面试者是求职不是乞职。求职是一个双向选择的过程，公司有挑选你的权利，同样你也有挑选公司的权利。所以，在面试的过程中，你与面试官并不存在地位上的差别。你要做的就是在面试中表现好自己，使自己成为被面试官挑中的人。

2. 精心设计面试开头 5 分钟

俗话说：良好的开端是成功的一半。面试也需要求职者精心设计一个良好的开端，因为良好的开端可以给面试官留下一个良好的第一印象，营造良好的谈话氛围，迅速与考官沟通思想，尽快进入正题。面试通常会维持在 20—30 分钟之间，而所谓"开端"就是面试的前 5 分钟。在这 5 分钟的时间里，虽然不会涉及到面试的核心内容，但是却是在给面试的核心过程打基础；如果不能把这 5 分钟设计好，那么接下来的面试很难取得成功。

有一个笑话是这样的：有一个人去微软公司面试，考官问："Windows 7 专业版在中国大陆的零售价是多少？"那人答道："5 元。"结果被直接赶了出来。第二次，这个人又去 Google 公司面试，面试官问："你从哪儿得到 Google 招聘的消息？"那人答道："百度出来的。"结果又被直接赶了出去。

笑话虽然只是笑话，但是道理很明白，那就是，良好的开端在面试中很重要。不少求职者在面试前做准备的时候，往往会对最关键的内容，如自己的学历、能力和工作经验等方面做充足的准备，而忽略面试开始的准备。面试开始在很多求职者的印象里，往往是一个模糊的印象，因为他们从来不关注这一段时间，每次面试都是在迷迷糊糊中进入

了正题。

但是对于面试官来说，开始的 5 分钟是非常重要的，因为他会从见到求职者的那一瞬间就开始对求职者面试，而开始的 5 分钟正好是形成第一印象的时间，他们会据此而给求职者打一个分数。所以，求职者必须精心设计好面试开始时的 5 分钟，让自己赢在开端。那么在前 5 分钟，怎样的表现才算是优秀的呢？

1. 第 1 分钟

走进办公室的那一瞬间很重要，面试官会非常关注你的姿势、表情以及精神状态等。所以，你在迅速与考官沟通思想，尽快进入正题，给面试官留下愉悦和充满活力的印象。走进办公室之后，你应该直视考官的眼睛，挺直腰板坐在椅子上。尽量与考官保持面对面、视线相接的姿势。不要显得坐立不安，不要拉头发或摆动双腿，或者随意做出任何有损形象的姿态。这样，你会给面试官留下较好的表面印象，而这种印象会影响他在接下来对你的评判。

2. 第 2 分钟

互相察看已经结束，接下来就是正式的会面，在这 1 分钟里，面试官会对你个人有浓厚的兴趣，他会对你简历中提到的内容进行发问，比如他会问你的经历和特长。这个时候你最应该记住的就是你的目的是为了把自己的特点展现在面试官面前，让他记住你。所以，在回答的时候，一定要注意自己的表达方式。

萧桐去应聘一家加工制造企业数控机床技工招聘的时候是这样介绍自己的："我高中毕业之后没有考上大学，去了一家工厂做车工。在那家工厂里我做了 10 多年，在这期间，3 次参加全市车工岗位技术大比武，荣获两次第 3 名，一次第 2 名。去年工厂倒闭，我下岗失业，趁这个机会，我参加了 3 个月的电脑培训，3 个月的英语培训，取得两个上岗证书，为掌握现代化的数控车床打下了基础。看到贵公司招聘技工，

我觉得自己比较合适就来了。"萧桐的介绍简单而又清晰，并且突出了自己的优势，听得面试官频频点头。

介绍自己的时候最需要注意的一点就是不能过长，既然是简单的介绍，那就要有重点地将自己最近的经历和能够突出自己优势的经历讲出来，其余与此无关的内容，可以一概不理。一些求职者为了凸显自己，将所有"好"的内容都讲了出来，结果长篇大论让面试官听得不耐烦，又不能从中抓取有效信息，这就是画蛇添足了。

3. 第 3 分钟

通过前两分钟的接触，面试官对你已经有了相对的了解，你应该可以察觉出他对你的态度。如果你前面两分钟表现得非常好，那么在接下来的 1 分钟内，你要再接再厉，对面试官所提出的问题做出快速的反应，并不断观察他的态度，及时修正自己的错误。

4. 第 4 分钟

在这 1 分钟里，面试官为了进一步了解你，可能会请你自己谈谈自己，这个时候就要适当地选择谈话的内容了。当然你不能把刚才所说过的经历再谈一遍，而应该侧重于介绍自己的性格，用具体的事例来证明自己的性格特点。

5. 第 5 分钟

在这 1 分钟里，面试官可能会初步进行和工作有关的面试了，他会针对目前的状况提出一些问题，这个时候要注意的就是不要让任何问题使自己陷入困境，否则你前面所有的努力都会在你糟糕的反应能力面前失去。

总而言之，开场的 5 分钟是争取面试官看好自己的关键时间，如果你在这 5 分钟内表现得非常糟糕，那么即使你在接下来的面试过程中表现得非常优秀，也难以改变面试官在这 5 分钟内对你形成的刻板印象。所以，面试之前的准备千万不要忘了好好设计前 5 分钟。

3. 摸准职位的信息和需求，出奇制胜

　　不同的职位有不同的个性需求，即使是同一个职位，在不同的地区、不同的公司招聘，也会有不同的要求。而很多求职者往往会忽略这一点，按照一般性的职位需求准备面试，这样其本身就不具备可以直接吸引面试官的地方，故而会陷入激烈的竞争当中，最后很有可能会败给那些能够抓住职位的个性需求的人。

　　想要抓住公司职位的个性需求，就必须在面试之前对招聘公司和职位进行深入的调查。只有这样，才能从共性要求中发现其独特的需求，并据此提高自己这方面的能力。其实，很多求职者本身的实力都是旗鼓相当的，那些能在求职的过程中胜出的人往往是那些懂得事先摸准职位的信息和需求的人。

　　一所学校毕业的 3 个同学一起在市区租了房子，然后开始出去找工作，谁知道她们 3 个投简历的时候居然投到了一家公司。这是一家食品公司，招聘食品销售调查员，月薪 5 千，这对于刚刚毕业的大学生来说的确是一个很大的诱惑，也难怪她们会那么巧合地投到了一起。3 个人都收到了面试通知，面试在 1 个月之后举行。

　　在这 1 个月的时间里，3 个人分别开始自己的准备。第 1 个人每天忙着在电脑上做销售调查方案，花了两周的时间，她终于做出了一份自认为完美的调查方案。第 2 个人每天去美容中心做美体修形，使自己变得更加美丽、性感，好在面试的时候给面试官造成视觉冲击力。第 3 个人却消失得无影无踪。20 多天以后，她才又重新出现。

　　面试的结果很快公布出来了，第 3 个人成功地胜出，成为这家公司常驻深圳地区的食品销售调查员。原来，面试前的那20多天的时间里，第3个人跑去了深圳当地的客家族聚居区去学习客家话，而让她胜出的理由也正是她懂得客家话。

在面试之前，第3个人就已经充分调查了这个职位对求职者的要求。既然是深圳地区的销售调查员，那么懂得当地的方言就非常重要，所以她认定懂得方言会让自己在面试中占有优势，所以她才用二十多天的时间学习客家话。

同样的职位对求职者肯定有共同的需求，但是出于其他原因的考虑，不同的用人单位都会对求职者提出个性化的需求。如果你在面试前的准备中只是针对共同的需求进行准备，那么你很难保证自己能够胜出，因为几乎所有应聘这个岗位的人在这方面都有充足的准备。如果你能够在面试之前深入调查，了解到用人单位的个性需求，并就此进行准备，即使你在这方面表现得并不优秀，也足以让你在面试中胜出。

面试没有固定的流程和模式，也没有任何人可以明确地告诉我们怎样才能在面试中胜出，所以，我们完全可以根据自己对职位需求的了解，在面试中出奇制胜。所谓"出奇制胜"，就是要以与众不同的东西打动面试官；只要你抓住这一点，就不愁工作不能到手。所以，在参加面试的时候，我们一定要先了解用人单位对人才的个性化需求。

在某大型招聘会上，人头攒动，张娟也在众多的招聘单位中寻找适合自己的工作。突然她发现某公司正在招聘"纺织类杂志编辑记者"，这正是她想要找的工作。然而她却没有急着将简历递上去，而是仔细地观察别的求职者投简历。她看到很多求职者都是直接将简历交给面试官，然后说明自己有相关编辑工作经验，面试官微笑着点点头，然后把简历放在一边就结束了。张娟觉得这样去应聘一定不能成功，必须想办法出奇制胜。

她来到面试官面前，却没有首先拿出简历，而是递上了一份杂志，说："这是我一年前在某杂志社担任编辑工作的作品，这也是一份与纺织、服装、时尚有关的杂志。我很了解纺织行业的相关信息，您看，这几个就是我编辑的版面。"一本杂志、简单地几句话就吸引住了面试官的注意力，他非常认真地看起了张娟写的文章，就文章里面的行业问题与她作了深入的交流。最后，面试官主动给她留下了联系电话。

在招聘会上找工作成功的几率非常低，除了僧多粥少的原因以外，更重要的是，在人山人海的招聘会上，想要给面试官留下深刻的印象很不容易。如果你还是按部就班地递简历、然后自我介绍，那么你的简历很快就会被湮没在众多的简历之中。

你必须学会出奇制胜，在1分钟的时间里让面试官记住你。那么，吸引面试官注意的方法是什么呢？那就是让他看到他最愿意见到的东西。想要做到这一点，就必须认真研究职位需求。就像张娟一样，她看到了那家公司招聘的是"纺织类杂志编辑记者"，这就说明这家公司不仅需要有编辑工作经验的人，还需要有纺织、服装等方面专业知识的人。因此，她打破了常规，直接以作品吸引面试官的眼球。

出奇制胜需要让自己有"卖点"，这个"卖点"就是职位的需求。只有掌握职位的需求，你才能够在面试中展现出与众不同的特点，迎合面试官的"口味"，从而脱颖而出。

4. 面试时暗藏玄机的自我介绍

自我介绍是面试中非常关键的一个步骤，大多数的面试官向求职者提出的第一个问题往往就是"自我介绍"。通过简短的自我介绍，面试官不仅能够了解到求职者的相关信息，还能够顺便考察求职者语言组织和表达能力、应变能力以及性格特点等。因此，自我介绍是决定求职者能否赢得面试官青睐的最重要一步。

然而，由于受到时间的限制，自我介绍的时间往往很短，一般的自我介绍都是在 3 分钟以内，在一些外企中，更是被限定在 1 分钟以内。那么，求职者在这么短的时间内，怎样做才能将自己最好的一面展现出来呢？

1. 把握时间

刚才已经说过，自我介绍的时间是有一定的限制的，所以，求职者在做自我介绍的时候，一定要把握好时间，既不能太短，也不能太长。太短了，内容不够充实；太长了，又没有重点。所以，在面试之前，最好能够大致地整理一下自我介绍的内容。

刘建是一个很健谈的人，像面试这样以谈话为主的活动，根本就不放在眼里，因此，他从来都不准备面试，总是临场发挥。这一天，他去一家房地产公司去面试，面试官让他自我介绍，刘建立刻开始了他的长篇大论。也不知怎么的，他在自我介绍的时候，突然就把话题扯到了房地产市场的发展上。面试官越听越不对，只能打断他的话，将话题收了回来。

自我介绍是对自己的介绍，无需牵扯太多的内容，只要把与自己相关的信息有条理地表述出来就可以了。假设自我介绍的时间是 3 分钟，那么就可以将自我介绍大致分为三部分内容：第 1 分钟谈谈学历等个人基本情况，第 2 分钟可谈谈工作经历（应届毕业生可以谈自己的社会实践和实习内容），第 3 分钟可谈对本职位的理想和对于本行业的看法。如果是 1 分钟的话，那就必须突出重点，将部分枝叶的东西去掉。

自我介绍最重要的内容应该是能够突出自己优势的内容，而不是那些无关痛痒的基本信息。一些没有经验的求职者为了追求自我介绍的详细，往往在基本信息上浪费了大半的时间，结果白白浪费掉了一个自我展示的机会。

2. 切勿采用"背诵"口吻

自我介绍是一种临场的、口语化的简介，尽管我们在事先进行了准备，但是在真正自我介绍的时候也不应该像背书一样，将准备好的内容背诵出来，那会大大降低面试官对你的好感，因为你缺乏临场发挥的能力。

林芳去某电视台应聘，在自我介绍的时候，她的发挥让所有面试官都惊呆了，因为她华美的语言和流畅的语调简直不是任何一个人在临场的时候能做到的。事实上，林芳在大四的时候就已经准备好了这一段自我介绍，当时为了这一段自我介绍，她费了不少的工夫，推敲了很久，自认为完美无缺的时候才算罢手。精明的面试官当然看出了这一点，所以他对林芳的表现非常不满。

面试最讲究的就是临场发挥，这样才能够考察出一个人最真实的能力。所以，面试官最反感的就是见到那些事先做好准备的人。当然，这并不是说我们就不能在面试之前对自我介绍进行准备，而是说准备的时候，不应该刻意地追求完美，口语化的语言往往更容易让面试官认为你是现场组织的语言。如果你像背诵古诗词一样，抑扬顿挫地介绍自己，那你必然难以赢得面试官的欣赏。

3. 只说与职位相关的优点

自我介绍的时候自然应该突出自己的成绩以证明自己的能力，但是不要忘了这些成绩必须与现在应聘公司的业务性质有关。在面试中最重要的不是要告诉面试官你是多么优秀的人，而是要告诉面试官你是最适合这个职位的人。所以，在自我介绍的时候，即使是那些你引以为豪的成绩，如果和职位无关，也要忍痛割爱。

王冰去电视台应聘，但是他在大学学习的是新闻学。新闻学偏重于纸质媒体，对于电视节目制作方面，涉猎并不多。所以，在自我介绍的时候，他只能将自己在大学所学习的和新闻传播相关的东西罗列上去，将自己曾经参加过的社团活动讲出来。虽然听起来非常丰富，但是并没有多少内容是面试官想听到的。

每个人都有自己引以为豪的成绩和突出的能力，但是在自我介绍的时候，切不可将这些都放上去，因为如果你的优秀和职位无关，那么对于面试官来说就是毫无意义的。所以，宁可将自己并不是很突出、但是却和职位有关的能力讲出来，也不可将和职位无关的优秀能力添上去。

4. 适当用点"小聪明"

当常规的自我介绍难以突出自己的时候，我们不妨打破常规，要点小聪明，以获得面试官的青睐。比如，我们可以舍弃掉基本信息的概述，直接讲明自己的优势和特点。在突出自己的优势和能力的时候，可以通过介绍自己做过什么项目来验证自己的能力，也可以适当引用别人的言论，如老师、朋友等的评论，来支持自己的描述。当然，要小聪明要建立在讲真话的基础之上，任何假话在面试官的面前都很难蒙混过关。

5. 控制情绪

人力资源专家指出，自我介绍时的谈吐应该记住"3P原则"：自信（positive）、个性（personal）、中肯（pertinent）。回答要沉着，突出个性，强调自己的专业与能力，语气中肯，不要言过其实。无论你是否具备竞争优势，在自我介绍的时候都不能表现出没有自信来，那会大大降低面试官对你的好感度。所以，自我介绍时一定要控制自己的情绪，既不要面无表情，一脸严肃；也不要眉飞色舞、手舞足蹈；更不能无精打采、萎靡不振。

5. "本色面试"秀出最好的自己

现在很多求职者在面试之前，总是会想出一些别出心裁的办法，希望能够用这样的办法获得面试官的好感。这种想要得到工作机会的心情是可以理解的，但是做法却值得商榷。面试官需要的是一个能够工作的人，而不是一个能够提供"娱乐"的人。也许你别出心裁的方法到了面试官面前，除了让面试官会心一笑以外，根本不会起到任何作用，因为他不可能请一个只会"娱乐"大众而不会工作的人。所以，面试的时候最好能够"本色面试"，用自己真实的本领去征服面试官。

也许有人会说，现在很多书都教求职者以各种办法来包装自己，为何又提到要"本色面试"呢？事实上，包装自己与"本色面试"并不矛盾，包装自己是在你有能力的前提下进行的，用包装的办法让有能力的你在面试中胜出是掌握各种求职技巧的根本目的。一个没有能力的人即使是将各种求职技巧掌握到炉火纯青的地步，也会被面试官很快识破其

"金玉其外，败絮其中"的本质。

　　林彬在老家的时候跟一名大厨学了一段时间厨艺后来到北京，想找一份厨师的工作，但是令他没想到的是大多数的酒店在招聘大厨的时候都非常注重厨师等级证书，而他并不是从正规的职业学校毕业的，根本就没有这个，这让他非常作难。每一次前去应聘，他连试菜的机会都没有，便败下阵来。

　　有一天，他在一家饭店吃饭，正好这家饭店的厨师要辞职，老板只好答应他干完当天的事，然后结账放他走人。林彬见到这种情况，计上心来。他故意指责菜做得不好，并指明要老板来解决问题。

　　老板来了之后，问哪里做得不好，林彬趁机说菜其实不错，只是火候和刀功有所欠缺，并从专业的角度进行了解释。老板听得是心服口服，还饶有兴趣地问林彬在哪里高就。就这样，林彬顺其自然地顶替了辞职的厨师的位置。

　　我们不反对通过一些包装的手段来吸引面试官的注意，但是这些只是手段，却不是制胜的法宝，因为如果你没有真实的本领，这些手段所能起到的效果也就微乎其微了。用人单位最重视的是你这个人能不能做事，即使你通过某些手段获得了面试的机会，如果你不具备从业的能力，依然会被淘汰。

　　"本色面试"是求职法宝，任何包装修饰的方法都没有"本色"更能够吸引面试官的注意力。不要忘了，你的目的是为了求职，为了得到工作；如果你过分地注重包装，想通过一定的噱头吸引面试官的注意，那么你必然会失败，因为你忽略了向面试官展示他最想得到的信息——与期望岗位的任职要求相符合的个人素质。

　　"本色面试"就是要把最真实的一面展示给面试官。也许你刚刚大学毕业，没有资历和阅历，但这并不一定会成为你求职的障碍。如果你为此而忧心忡忡，那才真正会使你的求职前途漫漫。只要你能够正视自己，并且面对现实，放低自己对工作的要求，一定可以找到合适的工作；相反，如果你为了获得一份好的工作而通过一些方法来包装自己，那么一旦在面试官面前露出马脚，那你就真的彻底失去了就业的机会。

计算机专业大四的学生李丹在同学们拿着精美的简历四处奔走找工作的时候，却通过网络视频的办法率先找到了工作。当她看到上海那家公司的招聘广告的时候就决定要应聘，但是没有财力的支持，她无法前去。于是她冒险和那家公司的人事经理进行了联系，表明自己对那份工作很感兴趣，但是限于资金问题，无法前去面试，所以请求用电脑视频面试。

没想到那家公司的人事经理居然答应了。在面试中，李丹没有刻意地打扮自己，而是穿了一身简单但干净的衣服坐在电脑旁边。她认真地回答经理的提问，并将计算机等级证书、英语等级证书和相关资料呈现在摄像头前，还把自己为某公司建立的网站网址留给经理。就这样，她得到了这份工作。

真正决定你能否获得工作的是你是否具备从事这份工作的能力，其他任何包装性的因素都只能起到辅助作用。如果你过分地注重包装而忽略了自身能力的培养，那就是本末倒置的做法了。"本色面试"将你最真实、最优秀的一面展现在面试官面前，你就一定会得到面试官的认可。

6. 人人都有不足，关键要走"差异化"道路

每个人都有自己的不足之处，也同样都有自己的优势；为了求职的成功，几乎每个人都在寻找自己的核心竞争力，期望通过自己的核心竞争力获得适合自己的工作机会。然而，在每个人都在寻找自己的核心竞争力的情况下，大家又都变得一样，核心竞争力在求职中的作用又变得微乎其微。所以，想要求职成功，不仅要找到自己的核心竞争优势，更要学会寻找自己与众不同的地方，采用不同的求职方式，走"差异化"道路。差异化竞争在与同自己具有一样的核心竞争力的人进行竞争的时候能够帮助你脱颖而出。

市里举办了一场大型的专门针对应届大学毕业生的招聘会，大四的李纹也赶到了现场。招聘会上人山人海，每一个展位面前都排着长长的队。李纹觉得，在这种情况下想要找到工作实在是太难了，于是她就四处转悠、寻找自己心仪的工作，只要是她认为可以的，就记上该公司的地址和联系电话。招聘会结束之后，她直接带着简历到那些公司去应聘，说自己没有赶上之前的招聘，所以前来送简历。有时候碰到人事部门的人不忙的时候，对方会直接看她的简历，然后当场面试。跑了几家公司之后，李纹如愿以偿地获得了工作机会。

现在的求职市场中，人力资源过剩，几乎每一份工作都有几倍、十倍、甚至上百倍的人前来应聘，而且每一个前来应聘的人肯定都具备从事该项工作的能力。想要在这种情况下凭借核心竞争力脱颖而出是十分困难的，除非你的确具备超乎常人的能力，并且能够在

面试中让面试官看到。既然难以凭借核心竞争力脱颖而出，那么我们可以想办法在面试方式上进行创新，以新的面试方式出现在面试官面前，给面试官留下深刻的印象，那么在能力相当的情况下，我们就很有可能拔得头筹。

在求职的过程中，走"差异化"道路可以避免与众多的求职者单纯地进行实力上的比拼，增加求职成功的可能性。但是，如果我们不能很好地把握"差异化"道路，"差异化"就会走上偏门，反而不利于求职。那么，作为求职者，该怎样才能走好"差异化"道路呢？

1. 发现自己的独特之处，并将它恰当地表达出来

独特的优势是针对于你所面试的工作来讲的。比如说，现在要找一个学经济的人很容易，找一个英语很好的人也不难，但是要两者兼得却不容易。如果你应聘与经济相关的工作，在笔试和面试的过程中，就可以突出自己在英语方面的优势，这样你获胜的机会就会大很多。有些时候，我们可能并不能意识到自己具有什么样的优势，因为有些能力并算不上优势，但是在某种具体的工作环境中，它们就是优势。所以，我们必须善于挖掘自己的独特优势。

杨怡是一名普通的师范专科学院英语教育专业毕业生，本身并没有专业优势，但是她从小学习古筝，古筝弹得非常好，这成了她应聘幼师岗位的一个重要的优势。在面试中，她向面试官充分展现了自己这方面的才能，获得了面试官的认可。

"差异化"求职就是要让自己与众不同。专业能力是不可改变的事实，而且是每一位求职者都具备的能力，想要在这方面与他人进行竞争总是很困难。如果恰好我们具备和工作相关的其他优势，我们就会成为众多求职者当中独一无二的一个，就可以充分利用这一点吸引面试官的眼球，提高求职的成功率。

2. 在面试环节"与众不同"

除了独特的优势可以让我们在求职中走"差异化"道路以外，我们还可以在面试的环节做得与别人不同，这样也能够让自己在众多的竞争者当中脱颖而出。在同一场面试中，所有的求职者所要经历的面试流程都是一样的，想要在这其中做得与他人不一样，需要你具备与众不同的思维。

李伟参加的面试采取的是小组讨论的方式：面试官给出一个话题，所有的面试者一起进行讨论。讨论一开始，所有的求职者都侃侃而谈，力图以此压倒别人、凸显自己。而李伟则选择了沉默，他甘愿充当讨论中的"绿叶"，做那个控制时间的人。他的做法没有引起任何人的反感，等到所有的人都无话可说的时候，大家一致推举李伟做总结发言。

一直在一旁听别人说的李伟此时对讨论的话题已经有了深刻的认识，并准备好了条理分明的观点。就像一个辩论会的主持人一样，李伟对这场讨论进行了总结性的发言。一旁的面试官一直在关注李伟的举动，李伟的协调、组织能力被面试官看在眼里，最终李伟胜出。

所有的求职者都希望在面试的过程中尽量地表现自己，但是当大家一窝蜂地都去表现自己的时候，你的能力一定会被忽视。倒不如先躲在一边，等到别人都发挥完了，那个表现的舞台就属于你了，你就会成为焦点，你的表现就会被面试官所关注，你的才能也更容易被面试官发觉。

3. 与众不同的面试策略

首先，故事策略。当所有的求职者都按照传统的方式对自己进行介绍——个人信息、成绩、成就、性格以及能力等像流水账一样涌进面试官的耳朵里的时候，你却以一个生动的故事将自己展现在面试官面前，这一定会让面试官耳目一新。这种别开生面的自我介绍一定能让你在已经昏昏欲睡的面试官心里留下深刻的印象。

其次，资料策略。口头的语言总是缺乏可信性，难以取信于面试官。所以，在面试的时候最好能够带一些资料作为言语的佐证。在实证的面前，面试官没有理由不再相信你，这样你成功的几率就会大大提高。

再次，心理策略。面试也是心理战的一种，只要你能够在面试中给面试官留下正面的、良好的心理感受，那么你就已经成功了。所以，如果有可能的话，一定要在面试中增加这样的元素。比如说，曾经有人在面试的时候买了几束鲜花，在面试时给了每位面试官一朵，面试官从他这样的举动中就可以获得心理上的满足。

最后，共鸣策略。人与人交流的过程中，如果能够拥有共同的经验感受，就能够取得共同的话题，两人之间的关系也会明显地被拉近。在面试时也可以运用这种办法。比如，你可以通过观察面试官的办公室的布置，察觉面试官的兴趣爱好，并将话题引到上面。

7. 木讷的人面试时如何脱颖而出

有许多求职者本身很有能力，而且做事认真、踏实，唯一的缺点就是不善于表达自己。而面试正是需要求职者通过自己的表述来获得面试官的好感，这导致这一部分求职者总是在面试中吃亏。求职的道路上多了面试这一关，似乎是专门给这类木讷的求职者设置的障碍，让他们难以成功实现求职的愿望。为了弥补这个缺点，这些求职者大都开始恶补自己的口才，然而口才不是一天两天可以练成的，与其拼命恶补不足，不如想办法找到自身的优势，让自己在面试中胜出。

无论是哪一个类型的人总是有其他人所不具备的优点，木讷的人也不例外，虽然他们不善于表达自己，对某些行业来说是一个非常大的缺陷，但是对另外一些行业来说却是最大的优势。与其恶补口才去适应那些本就有违本性的工作，还不如去寻找一个适合自己的工作。当然，仅仅是在行业选择中突出木讷者还是不够的，毕竟面试这一关还是要过的。所以，木讷者还是要在面试中增加胜出的可能性。那么，木讷者在面试中如何才能脱颖而出呢？

第一，重述重点，弥补口才劣势

在面试的过程中，木讷的求职者往往因为口才不佳、临场反应能力不足，而回答得支支吾吾、断断续续，给面试官留下不好的印象。要想改变这种情况，就必须事先多做模拟面试训练，这样，在面试的时候遇到类似的问题，就可以从容不迫地应答。当然，面试中的问题不一定都曾经模拟过，如果遇到一些新的问题，木讷的求职者缺乏应变之能力，如何才能避免出现应答不善的局面呢？

1. 重述面试官的提问，以确定自己的理解是正确的，避免答非所问。

2. 肯定面试官的问题的深度，并以此为借口，要求多一点思考的时间，你可以这样说："为了能完整呈现自己的想法，希望能有时间思考一下。"

3. 在思考的过程中，不一定非要把所有的语言都组织清楚、明了，那样会非常浪费时间。最好的办法是用条列式的方法，将回答的重点部分列举好，这样你的回答虽不精彩，但却内容丰富。

4. 提前准备好相关的文件和资料。当木讷的求职者无法用口头语言表达自己的时候，可以用这些实物来代替想要说的话。比如说，在谈到自己的专业能力和工作经验的时候，可以用以前做过的项目报告、企划书等代替。这些物品在面试中就是"无声的语言"。

5. 当一些比较难以回答的问题出现的时候，千万不要慌张，那些问题往往没有标准的答案，面试官只是想知道你的真实想法和考察你的逻辑思考能力，只要你言之成理即可。

6. 学会自我推销。木讷的求职者在面试官提问的时候往往不能呈现出最好的答案，当问题过去之后，他们才能组织出最好的语言。所以，木讷的求职者可以在面试即将结束的时候，主动向面试官进行自我推销，将自己想好的话说出来。

第二，真诚是最大的加分

木讷的人往往都比较踏实、真诚，没有那么多的花花肠子，不像那些能说的人，眼珠子一转就是一个心眼儿，这一点也正是木讷者最被人欣赏的地方。所以，在面试的过程中，木讷的求职者应该尽量将自己这些方面的优点展现出来，以弥补自己的口才不佳。

以真诚为原则回答面试官的问题是最能表现求职者优点的办法。口才好的人在面试的过程中，总是会以各种各样的理由为自己辩护，掩饰自己的缺点和不足；而木讷的求职者由于口才欠佳，往往不具备这种能力，所以他们总是会实事求是地将自己的缺点说出来，而他们的这种坦诚往往会成为打动面试官的最重要的武器。

一位很木讷的人去应征业务员的职位，却意外地被面试官录取了，面试官看中的正是他的真诚与踏实。在面试中，这人毫不避讳地承认了自己不善言谈的缺点，说自己曾经做过业务员，在那个时候他就不喜欢和客户应酬，但是他总是能够默默地为客户服务，两三个月下来，客户为他的真诚所感动，使他得到了大量的订单。面试官认为，作为业务员不仅要有好的口才，更重要的是要有真诚为客户服务的精神。这个人这方面的品质尤其突出，所以当即决定录用他。

　　善于言谈虽然是一项能力，但是对于工作来说，最重要的是要稳重、踏实。只要具备了这方面的特点，是否善于言谈就不再那么重要了。所以，木讷的求职者在面试中，一定要将自己的优势展现出来，只有这样，才能让"木讷"变得微不足道。

　　第三，行为胜过千言万语

　　在面试中，面试官不仅会从求职者的言语中判断这个人的品质和个性，而且还会从一个人的行为举止上进行判断。任何夸夸其谈的言语都无法蒙蔽面试官的眼睛，即使你在言语中将自己夸得天上有、地下无，面试官也不会轻易相信，反而会从你的行为举止中加以验证你所说的每一句话。比如提早 5 分钟到达面试公司，可以显示做事认真的态度；面试时坐姿稍微前倾，表现出愿意倾听的特质；面试结束时，主动询问后续的流程，也能代表自己有追踪进度的好习惯。

　　所以，木讷的求职者虽然不能通过言语来表现自己，但是也可以通过控制自己的行为向面试官证明自己是优秀的。只要你的行为能告诉面试官你是最优秀的，那你就一定可以脱颖而出。

8. 面试最该秀的 7 种能力

　　能否求职成功，关键是看求职者在面试中的表现；在竞争激烈的求职市场，获得面试机会已经是非常不易，如果因为面试时的表现不佳而失去工作，那就太可惜了。面试就是招聘单位考察求职者是否具备胜任工作能力的过程，只要你能在面试中表现出自己的能力，就一定可以获得工作。然而，在短短的面试时间里，很多求职者并不懂得如何表现自己，也不知道自己要表现出什么样的能力才能获得面试官的青睐，故而错失良机，一次次地求职失败。

现在的用人单位在招聘的时候非常看重求职者的综合素质，而并不是单一地要求求职者具备工作技能。那么，求职者哪些方面的素质最能够吸引面试官呢？

1. 进取心和热情

进取心和热情最能够全面调动一个人的综合能量。比如说，在做一件事情的时候，如果你对它充满热情，那么你就会全力以赴地去完成；相反，如果你对其没有热情，就会拖延、磨蹭。进取心和热情不仅对自己有帮助，也会感染身边的人，带动整个团队的良好发展。因此，面试官非常欣赏具有进取心和热情的人。

一个有进取心的人，无论现在的能力怎样，将来肯定会有很大的发展，因为随着不断的学习，他的能力势必会相应提高。一个有热情的人，对工作将会充满激情，工作效率也会大大提高。如果你能够把这一点展现在面试官面前，那么面试官对你的评价就一定会相应提高。

当面试官问到与此相关的问题，如：出于工作晋升的考虑，你打算继续深造吗？你应表现出积极的态度。你可以这样回答：如果有机会我当然会考虑继续深造。不过，我会认真考虑这件事情，因为很多人的深造都是很盲目的。只要我发现深造对于工作确实有价值，而我的确有需要深层次教育的时候，我一定会毫不犹豫地选择深造。

2. 沟通技能

沟通技能在职场中非常重要，是否具有良好的沟通技能意味着你能否清楚而有说服力地传递信息。在工作的过程中，沟通发挥着重要的作用。如果你能在面试中表现出自己高超的沟通技能，那么你成功的机会就会大大增加。

在工作中，沟通是维持人际关系的纽带：上下级之间、同事之间以及与客户之间的关系都需要你通过沟通来维系。所以，在面试的过程中，面试官很有可能会就此向你发问。在回答这样的问题的时候，一定要深思熟虑。

3. 从业能力

从业能力是决定一个人能否胜任工作的核心，当然也是面试官重点关注的能力。在阐明这一问题的时候，需要求职者讲究方式方法。无论你有多高的学历，取得多少资格证书，这都不足以证明你的能力；最能够证明你的能力的就是你曾经取得的成绩，这是无可辩驳的。所以，在回答面试官关于从业能力的提问时，最好用自己的成功经历来表述。

当然，在讲述自己的成功经历的时候还要注意：要从你的成功经历中提炼出你的核心技能和特长，并将这些转化并应用于你正在申请的职位，这样更加能够引起面试官的兴趣。

4. 理性思考能力

理性思考能力其实就是解决问题的能力：当事情发生之后，你是否能够冷静应对、沉着思考，这关系到事情能否顺利地解决。而在工作中随时都有可能会出现意外的情况，所以面试官会考察你的理性思考能力。一些求职者过于感性化，在思考问题的时候往往带有强烈的主观色彩和理想愿望，这样的人是不被面试官所欣赏的。

面试官考察你的思考能力的时候，可能会通过问你的职业规划、或者你的工作目标等问题进行。在回答这类问题的时候，一定要注意贴近现实，切不可天马行空，主观幻想。只有切合实际、且具有可操作性的回答才能显示出你思考问题的能力。

5. 职商表现

所谓的"职商"就是职业情商，良好的职业情商反映在工作中是：人际关系良好，工作态度积极，有较好的人格魅力，为人处世正面、阳光，其职业发展较为顺利，能够较好地应付职场中各种复杂局面。这类人在工作中往往具有很高的效率，且能为公司的发展带来好处。

面试官在考察你在这方面的能力的时候，往往会通过询问你的职位态度来获知答案。如果你对职业态度过于悲观，或者是功利性太强，那么你的职商也就不会高到哪里去。

6、计划与组织能力

拥有较强的计划与组织能力的人，工作起来往往会井井有条且高效地完成工作任务。职场中的忙碌往往会让很多求职者力不从心，做了这项工作，忘了那项工作。而具有计划和组织能力的人则能够根据需要，有条不紊地安排各项工作并在指定的时间内完成。

7. 抗压能力

无论做什么样的工作，都会面临一定的压力，如果你不具备抗压能力，在职场压力出现的时候，往往不能很好地开展工作。抗压能力实际上代表了一种工作态度，因此，面试官对此会非常重视。

9. 扬长避短：面试的成功之道

每个求职者都或多或少地存在求职上的短板。如果你过分地关注自己的缺点的话，那么必然难以找到适合自己的工作；相反，如果你总是强调自己的优势的话，你必然会发觉很多工作都适合你。对于面试官也是一样：如果他在面试的时候，总是不断地发现你的缺点，那么他必然认为你不能胜任工作；如果你能够引导他不断地发现你的优势，那他必然会感觉到你在这份工作上一定大有可为。所以，扬长避短是面试成功的诀窍。

巴黎百富勤中国总经济师陈兴动当年在参加中国政府在英国牛津大学培训中国政府官员所组织的面试中就曾经运用了扬长避短的做法。陈兴动英语底子不强，在大学和研究生期间，花费在英语听力上的时间很少，因此他难以听得懂世界银行驻中国副首席代表 Peter 在面试中对他的提问。

为了应对面试，陈兴动采用了扬长避短的策略。他一方面集中精神听对方说话，通过单词来判读对方的意思，另一方面尽可能把回答问题的时间拉长，让考官少问问题。于是，Peter 提的每个问题，陈兴动都用了近 20 分钟的时间回答，1 个小时下来，Peter 只问了他 3 个问题。面试结束之后，Peter 微笑着夸奖："你是所有来面试的人当中表现最好的一个。"

在面试中扬长避短并非是无视自己的缺点，而是通过一定的方法减少能显示出自己的缺点的时间，而争取展现自己优势的时间。这样一来，在面试官的眼里，你就是一个优点明显大于缺点的人。在你的引导之下，面试官会逐渐地、越来越多地发现你的优点，这样一来，你的缺点在面试官看来就微不足道了，你的面试也就成功了。

说到底，扬长避短就是通过放大自己的优势的办法来淡化缺点。比如说，面试官可能会在面试的时候直接询问你的缺点。这个时候，如果你矢口否认你有缺点，那必然是不合理的。但是如果你真的实事求是地把自己的缺点都说出来，那么面试官会认为你是一个不可取的人。所以，回答这样的问题需要讲究方式方法，把握火候。例如，你可以这样回答：我的英语口语不是很好，但是我相信自己通过学习可以提升。其实我在书面翻译方面没有什么问题。这样回答，既表明了自己的缺点，又趁机将自己的优点提了出来。这样，面试官对于你的缺点就不会记忆深刻了。

扬长避短对于刚刚大学毕业、急需求职的职场新人来说尤为重要，因为在他们的身上，求职短板非常明显，如果不能扬长避短，将很难找到一份心仪的工作。对于应届毕业生来说，工作经验的欠缺是面试中最大的短板，怎样在面试中扬长避短呢？

应届大学毕业生没有工作经验是人所共知的，而现在很多企业在招聘的时候都非常重视工作经验的问题，这似乎让很多应届毕业生作难。事实上，应届毕业生也可以通过一些方法消除没有工作经验对求职的影响。

首先，深入了解要面试的用人单位，企业所属行业、产品、项目、发展沿革、组织结构、企业文化、薪酬水平、员工稳定性、企业重大事件等。了解得越全面，面试成功率也就越高。因为从你对公司的了解，面试官可以肯定你的诚意，肯定你对工作有兴趣，也可以大致认定你具有工作能力，否则在这么详细的了解之下，如果你不具备相应的工作能力，你也不会前来面试。

其次，深入了解所应聘的岗位信息，包括岗位内容、公司对职员的要求等。在此基础之上，可以将自己身上和岗位要求相符合的优势罗列到简历之中，并且准备相应的证明材料。由于没有工作经验，大学生的证明材料，可以用在校的实践经历和相应的实习经验代替。

再次，模拟面试。由于没有面试经验，大学生在面试的时候往往会紧张，进而导致不自信，最终影响到在面试中的发挥，面对面试官的提问往往答非所问，或者是答案不能令面试官满意。针对这一点，大学生在面试之前，可以先思考面试官可能会问的问题，有准备地做"模拟演习"，这样在面试的时候就可以轻松应对。

最后，突出职场新人的适应性和学习性。职场新人就突出在一个"新"字上，"新"不仅代表稚嫩，同时还代表了适应性和学习性。对于职场新人来说，任何工作内容和环境都是新的，都能逐渐接受和适应，并且能够在工作中不断地学习，迅速提高自己的能力。而那些有工作经验的人，往往不是那么容易适应新的环境，因为他们已经有了自己所认可的工作内容和工作环境。这一点是应届大学毕业生具有的优势，在面试中应该着重突出。

有了以上四点做保证，你虽然是一名没有工作经验的大学生，但是你的表现已经是一个成熟的职场人士。面试官面对你这样的应届大学生，一定不会再斤斤计较于工作经验，毕竟公司要招的是有工作能力、能为公司创造利益的人。你既然已经有这样的能力，面试官没有理由不留下你。

当然，在扬长避短的过程中，还要注意不能为了放大自己的优势而吹嘘夸大自己。作为一个应届大学毕业生，劣势非常明显，如果你企图在面试中抹杀这些劣势，必然会让面试官非常反感。

10. 掌握技巧，在"群面"中脱颖而出

"群面"是面试的一种方式，也被称为无领导小组讨论，是评价中心技术中经常使用的一种测评技术，采用情景模拟的方式对求职者进行集体面试。它通过一定数目的求职者组成一组（5—7人），进行1小时

左右时间的与工作有关问题的讨论，讨论过程中不指定谁是领导，也不指定求职者应坐的位置，让求职者自行安排组织。通过这样的一种办法，面试官可以通过观察求职者的举动来考察其组织协调能力、口头表达能力、辩论的说服能力等能力，并可以同时考察求职者的自信程度、进取心、情绪稳定性、反应灵活性等个性特点。这样一种面试方式可以有效地对求职者进行全方位的考察，因此被一些企业的人力资源部门所采用。

然而，对于求职者来说，这种面试方式比之传统的面试官与求职者之间进行的一对一或者是一对多的面试要难得多。不少的求职者根本就没有经历过这样的一种面试，因而在面试的过程中无法发挥出自己的水平，最终败北。

骆清去一家外企应聘，本来在面试之前，他进行了精心的准备，自信自己可以取得不错的面试成绩，但是到了面试地点才知道，这家公司的面试方式与他以前所经历的面试完全不同：一群求职者围坐在一起就一个话题进行讨论，而面试官只是坐在旁边观看。

那个时候他甚至不懂那是什么样的面试方法，天生不懂得在公众场合怎样发言的骆清在这种面试中自然吃了很大的亏。本来那个话题难不倒骆清，但是由于是讨论形式的，因此每一个求职者为了表现自己都极力争取发言的机会，所以，直到面试结束，骆清都没有得到发言的机会。自然，骆清的表现不能被认可。虽然骆清满腹委屈，但也是无可奈何。

"群面"并不是大多数企业所采用的面试方法，但是作为求职者我们也必须懂得如何在"群面"中脱颖而出。"群面"的方式决定了求职者不能像应对单独的面试一样做，那样会让求职者失去表现自己的机会。那么，作为求职者应该怎样做，才能在"群面"中脱颖而出呢？

1. 勇于发言

"群面"的时候是几个求职者一起进行的，每一个小组成员都希望在讨论的过程中表现自己。如果你胆小怯场、沉默不语，那么你就失去了机会。所以，在讨论的过程中，一定要快速地组织自己的语言，然后大胆地发言；如果有可能的话，最好能第一个发言，这会给人留下深刻的印象。

2. 谈话内容要有逻辑性

面试官通过听求职者的发言来考察其语言能力、思维能力，所以，你所发言的内容必须要有缜密的逻辑性，使自己的话语具有强烈的说服力。因此，每一次发言之前，都要进行精心的思考，切不可为了争取发言而胡言乱语、东拉西扯，那反而会给面试官留下不好的印象。记住：话不在多而在精。

3. 尊重队友，友善待人

在讨论的过程中，小组成员间存在着竞争，因为每一个人都想要脱颖而出。在这种情况下，最重要的是要保持风度，切不可为了表现自己而对自己的队友横加指责、恶语相向。如果你这样做，只能说明你是一个缺乏团队合作能力的人。

4. 留心听别人的观点并做充分的记录

在别人滔滔不绝的时候，你不能神思游离，自顾思考自己的问题，那会让你与整个讨论脱节。正确的办法是边认真倾听他人的谈话边记录其中的最重要的内容并加以分析，这样等轮到自己发言的时候，才能够一鸣惊人。

5. 总结发言，争当领导者

在谈论结束之前，如果你能够将整个谈论的过程加以总结、逐一点评每一个人的发言，并穿插自己的观点，这样你就无形之中成为了整个讨论的领导者。你这样的表现会为自己赢得成功的筹码。

6. 上交讨论提纲，再露一手

讨论完成并不意味着"群面"的完成，如果你能够在面试结束的时候，将自己在面试中的记录迅速总结成文，作为一个大纲上交给面试官，那么你必然能够获得面试官的欣赏，因为这不仅能够表现出你的文字功底深厚，还能够说明你是一个有心人，而且精明能干。

第七章

Chapter7

XUE
MIANSHI

什么失误会让面试官决定淘汰你

面试关乎自己的职业生涯，因此，我们每个人都试图让自己在面试中表现得完美，进而获得心仪的职位。然而，正是这种急功近利的心态，往往会造成我们在面试中出现失误。我们心中所设想的"完美"对于面试官来说未必就是完美，我们认为理所应当的举动在面试官看来却是不该有的举动。所以，在面试中，我们一定要杜绝那些会让我们被淘汰的失误出现。

1. 撒谎和弄虚作假，后果很严重

诚信无论在什么时候都是非常重要的，在面试中最怕的就是撒谎被发觉，只要是出现这种情况，面试就一定会失败，没有任何悬念。面试对于求职者来说就像是推销，在面试中推销的"商品"就是自己。试想一下，当推销员把自己的商品夸得天花乱坠的时候，你突然发现那是一个劣质产品，你还会买他的东西吗？

刚刚大学毕业的林辉去参加一家公司的面试，在面试中，面试官问到："你以前做过分析报告吗？"林辉想起一些师兄师姐们的"谆谆告诫"：在面试的时候，一定不要说没有，即使是真的没有也要圆过去。于是林辉答道："有，在大学的时候，曾经实践过。"面试官并没有就此打住，而是继续问："那你当时用了多长时间？"林辉虽然没有做过，但是也大致听说过，于是答道："大约两周的时间。"面试官继续追问："那现在让你用一天的时间做一份市场分析报告，你能做出来吗？"林辉不假思索地说："没问题。"

面试官问到这里，带着嘲讽地说："你平时做一个分析报告需要两周，现在用 1 天来做，你不觉得你说得很假吗？"林辉无言以对，愣在那里半天没说出话来。面试官接着对他说："你可以走了。"

在面试中撒谎折射出的是你这个人的品质问题：一个没有诚信的人，有哪一个单位敢要？面试的时候，我们需要包装自己，让自己显得更加优秀，但是包装是在诚实的基础之上进行的。这和商品的包装一样，在正常范围内的包装可以增加商品的可观赏性，会被消费者所接受；但是一旦过分包装，而商品本身质量低劣，则会被消费者拒绝。

在面试的时候，我们想要把自己表现得非常优秀，这本是无可厚非的，但是如果以撒谎的方式来抬高自己，那就不可取了。在精明的面试官面前，谎言是很难持久的。一旦被面试官戳破，那么等待你的就只能是面试失败。

其实，面试并非像想象中的那样恐怖，面试官也决不会要求求职者是一个面面俱到的完人，因为这个世上本就是没有完人的。如果你在面试官询问缺点的时候，一概否认；提到优点的时候，顺势而上，将自己说成是一个十全十美的人，自己难道就不觉得很假吗？在面试中，既要表现自己的优点，又要承认自己的不足，这样才会让面试官采信你的话。所以，面试的时候一定要本着诚信的原则进行，你的诚信在某种情况下会成为征服面试官的重要砝码。

尚华被通知去参加面试，到了公司之后，人事经理不在，于是他和另外两个求职者一起被前台小姐带进了会议室等待。前台小姐告诉尚华和那两个人，人事经理要到10点多钟以后才能到，让他们慢慢等。说完，留下了一包烟和一壶茶就走了。三个人在一间大大会议室里百无聊赖，于是都抽起烟来。

10点半的时候，人事经理来到，开始进行面试，尚华被安排到最后。前两个人不到5分钟的时间面试就结束了，这让尚华多少有点儿担心。等他进入办公室之后，人事经理什么都没说，先递给了他一支烟，这让尚华感到很错愕。本来他想拒绝，谎称自己不会抽烟，但是转念一想，还是诚实一点好，于是就大胆地接过了人事经理递过来的烟。

面试并没有尚华想的那么难，人事经理只是随便就工作上的事情和他聊了一聊，然后就告诉他明天上班。尚华感觉不可思议，露出疑惑的表情。人事经理笑着说："你想知道我为什么录取你吗？"尚华点了点头。人事经理说："其实我早就在公司了，你们在会议室的时候，我一直在观察你们，我看见你们在会议室里的时候都抽烟了，而前面那两个人在我递烟给他们的时候，居然都告诉我自己不会抽烟，这样不诚实的人我怎么敢用啊。"

能力可以培养，但是人品却是一个难以逆转的问题。大多数的单位在招聘的时候对这个都非常重视。所以，面试官在面试的时候，也会花时间考察求职者是否在撒谎。尤其是对于简历上所呈现的内容，凡是有漏洞和疑问的地方，面试官都会认真核实。因此，千万不要奢望自己的谎言能够瞒过面试官精明的眼睛。当然，在面试中，我们还是要学会表现自己最优秀的一面；在不撒谎的基础上，我们可以采取放大自己优势的方式来取得面试官的好感。这样，既不会因为没有核心竞争力而无人问津，也不会因为撒谎而被拒之门外。

2. 没有诚意，公司凭什么录用你

求职的时候一定要带着诚意，是否有诚意也是公司决定是否录用你的一个重要因素。如果你带着可有可无的态度前去面试，那么即使把你录用了，你对工作的态度必然也是可有可无，那么你必然不可能在工作中做出成绩。所以，任何公司都不会给没有诚意的人留机会。

诚意就是一种强烈的意愿，求职中的诚意就是你对自己所申请的职位抱有十分的渴望，这种态度非常重要。如果你具有诚意，那么你就会非常重视公司的面试，在面试之前做好充分的准备，并且在面试中充分地表现自己。所以，面试官完全可以从你的行为中判断出你是否具有诚意，千万不要想着蒙混过关。

有一位人事经理讲述了这样一件事情：有一次他所在的公司招聘，这一天正是面试的时间。接线员接连接到了同一个人打来的三个电话，而且这三个电话都是问公司的位置和乘车路线的。这名人事经理忍无可忍地对接线员说："如果他再打来电话，你就告诉他不用前来面试了；如果他真的有诚意前来面试，就会在事先查好这些问题，而不会打电话问我们。如果他事先查了，还需要再问的话，这样一个连路都找不到的人，我们不需要。"

对于那些没有诚意的求职者，面试官是决不会留情的。现在有些大学生，一边在向招聘单位表达自己愿意进入公司的愿望，一边又在暗示自己在等待考研的结果，这样的人求职一定不会成功。面试官往往会把诚意看得很重：你的诚意越重，在同等条件下，获得工作机会的可能性就越高，因为面试者的诚意越高，就表明面试者对于公司和工作的重视程度越高，在将来的工作中也就会越努力。

陈波去一家公司面试，为了不迟到，他提前一个小时出门，当他赶到的时候，离面试时间还有一个小时，他和其他求职者一起被带到会议室去等待。就在别的求职者在会议室中无所事事的时候，陈波走到了公司的"文化墙"前，仔细地看公司优秀员工的介绍。正好这一幕被人事经理看到。于是人事经理走上前去问他："你怎么不在会议室里等着，跑到这里来看什么？"陈波说："我先熟悉一下环境，毕竟在网上的了解是不够的，我真的感觉这里不错。"

人事经理对于陈波的做法和说法非常满意，从中他体会到陈波的诚意，在面试开始之前就已经给了陈波5分。再加上在面试中，陈波的表现也还不错，于是陈波顺理成章地成为这家公司的员工。

排除其他方面的因素，公司总是对有诚意的人非常欣赏，起码有诚意的求职者在未来的工作中会非常敬业。所以，求职者在面试的时候一定要向面试官展现自己的诚意，这样才可以为自己的面试加分。那么，求职者怎样做才能展示出自己的诚意呢?

1. 守时。守时是最基本的诚意，如果你真的非常在乎面试的话，无论如何都不会迟到，因为你会在事先查好路线、提前出门。如果你迟到了，你的诚意就会在面试官这里大打折扣。

2. 不要无故爽约。在没有什么紧急事情的时候，千万不要爽约，如果你爽约了，就不可能有下一次面试的机会。即使你有事情，也应该提前打电话告知用人单位，这是对公司的起码的尊重。当然，公司会不会给你再一次面试的机会，就要看你的理由够不够充分了。

3. 等待的时候不要焦躁。有的时候，面试官可能会因为某些事情而迟到，需要你等待。这个时候你一定不能显示出不耐烦的情绪，更不可时不时地看时间，否则你就会被视为没有诚意。因为如果你真的非常想得到这份工作，你会非常愿意等下去的。当面试官到的时候，你也不可急躁，进办公室的时候连门都不敲。

4. 坐姿要端正。一个人坐姿往往反映出这个人对事情的态度。在面试的过程中，如果你跷起二郎腿，左摇右晃，像是在家里一样，或者是做一些小动作，那你的诚意的确是值得怀疑了。

5. 积极回答问题。当面试官提问的时候，一定要积极地应答，绝不可一副心不在焉的样子，那会让面试官非常反感。

6. 态度要热情。面试的时候一定要面带笑容，最好把目光集中在主试人的额头上，且眼神自然，以传达你对别人的诚意和尊重。切忌东张西望，给人一种三心二意的印象，更不能在主试人身上扫视、上下打量，以免显得无礼。

7. 面试结束的时候，最好能够表达自己的诚意。表达自己诚意的话可以作为面试结束的收尾语。只要你的话够真诚，那么必然会让面试官记忆深刻。

……

在面试中会让你显得非常没有诚意的行为有很多，上面只是简单地列举一部分。总而言之，求职者在面试中一定要避免出现让面试官以为你没有诚意的举动，即使那可能是误解也不行，因为你无从解释。

3. 八字没一撇就谈薪水，遭人反感

一般情况下，求职者相中一个职位时无非是看中两点：一是薪水，二是发展空间。而这两点如果归结成一点的话，那就是薪水。薪水问题不可不重视，毕竟每个求职者都需要靠薪水养活自己。然而，在面试的过程中却不宜谈薪水问题，那会让面试官非常反感，从而降低对你的印象分儿。

一般情况下，公司的面试都不会是一次，在初次面试的时候是不宜谈薪水问题的。毕竟那个时候，工作还离你很遥远，完全没有必要纠缠薪水问题。如果你在那个时候就谈薪水问题，那么你很有可能会被面试官直接 pass 掉。

虽然各种求职攻略上都明确写到"初次面试不宜谈薪酬"，但是李吉并不这样认为，他认为如果薪酬不能让自己满意，那就没有必要谈下去，那只会彼此浪费时间。所以，每次在面试的时候，李吉都会主动询问薪水问题，而且直接表明月薪多少以下不考虑，这使得他失去了很多工作机会。

李吉不解地说："每次面试之前，我都会对相关工作的薪酬状况做大致的了解，然后结合自身的情况，提出一个合理的薪酬。这个薪酬是在我可接受范围之内的，也是企业应该可以接受的。但是为什么每次我提到薪酬问题，结果就是失去工作？"

通常来说职业顾问不主张在面试时主动和老板谈薪水，因为从某种意义上说，这是给别人一个拒绝你的理由。面试是双方互相了解的过程，在初次面试的时候，企业需要对求职者做出初步的评判，而求职者也应该在这个过程中加深对企业和职位的了解。如果你在这个时候率先谈薪酬问题，那么就说明你前来面试的目的是为了薪水，而不是工作本身，即使你提出的薪酬很合理，也会给面试官留下不好的印象。

当然，薪水问题是不可避免的。当面试官已经考虑让你加盟的时候，会主动和你谈薪水问题，这个时候你与面试官之间就要开始各自以各自的标准为基础的薪水谈判。谈得好，你不仅可以成功入职，还能得到高薪；谈不好，眼看到手的工作机会就会失去。

薪水问题是一个非常重要的问题，当面试官问到这个问题的时候，一定要慎重回答，切不可乱答一气：既不能要价太高，那会让企业无法接受，也不能摆出一副无所谓的姿态，对薪水无所谓就说明你对工作也无所谓。那么，求职者该怎样谈薪水问题，才能不让薪水问题成为求职路上的绊脚石呢？

1. 把期望值放到行业发展的趋势上

在面试之前，一定要做好相关的准备，只有这样才不会被面试官突兀的薪水问题打得不知所措。每个行业都有其现有的工资标准，大多数的行业在某一个时间段里的工资都是保持稳定的。所以，你完全可以通过调查得出一个相对合理的薪水要求。先调查行业的平均工资标准，然后调查市场对你这类人才的需求有多大，进而通过朋友、同学等，了解到和你自身条件差不多的人的薪水是多少。

2. 调查公司的薪水以及工资制度

行业工资是一个较为平均的数据，具体到每一家公司是不一样的。想要让自己的薪水处在合理的水平线上，就必须了解你所面试公司的工资标准以及工资制度。这样，针对面试官的问题，就可以有的放矢，既不会要价太高，也不会将自己"贱卖"了。

3. 拿以往工作的薪水做参考

如果你以前有过相关的工作经验的话，那就更好办了，可以参照以前的工资水平，给公司一个明确的答案。所谓"人往高处走"，你现在想要的工资必然是不能比以前的低，否则你也没有跳槽的必要。如果目前的这家公司不能给你理想中的工资，那真的就没有谈下去的必要了。

4. 不要拘泥于薪水本身

薪水并不仅仅是一个数字问题，在薪水的背后隐含的是工作，是你的工作能力，是你能在工作中做出什么样的成绩。有些时候，我们并不知道什么样的薪水是合理的，也不知道公司能接受什么样的薪水，这个时候我们可以想办法将这个问题抛给面试官本人，由他给出一个合适的薪水。所以，在谈薪水的时候，不可以拘泥于薪水本身，你可以尝试避重就轻地把问题转到工作上去，强调你的工作能力，这样，面试官的心里就会自然给你开出一个合适的价位。

5. 善用概数

当你不能确定什么样的薪水合理的时候，最好不要贸然说出一个数字，否则，万一这个数字超出了公司可承受的范围，谈判就会陷入僵局。所以，最好的办法就是给出一个概数，将薪水放在一个区间之内，例如 4 千到 5 千。这就摆出了一切好商量的态度。

6. 巧留退路

谈薪水的时候，不能死咬着一个数字不放，最好是给自己留好退路。这样既可以最大限度地在公司允许的薪水区间里最大程度地提出薪水的要求，又不至于因要价太高而失去工作。比如，你可以向面试官说出一个具体的薪水数字，然后表示薪水不是最重要的问题，最重要的是能够在公司里工作、学习。

4. 别与面试官过分"套近乎"

中国是一个"人情"社会，只要能攀上交情，请托办事就不难。不少求职者耳濡目染，学会了与人攀交情，并把它运用到面试中去，用这种方式来跟面试官拉近距离。这种做法并不能说是错，但是如果使用不恰当的话，不仅不能拉近与面试官的距离，还会使你失去机会。

一家公司的人力资源总监被公司组织的招聘活动搞得哭笑不得。并非是公司本身出了问题，而是前来求职的人的做法让他难以理解，因为很多求职者在面试的时候都会跟他套近乎，而且方式方法五花八门。

有的求职者声称自己是他曾经的邻居，有的求职者声称自己和他的好朋友某某的太太是好朋友，有的求职者则声称是他的校友。这些套近乎的言辞本身也没什么，但是他的同事都在身边，如果他录取了这些套近乎的人，难免让人认为他是徇私。所以，凡是滔滔不绝地和他套近乎的人，一律没有录取。

具备专业素质的面试官是不喜欢求职者与自己套近乎的，套近乎之类的举动通常都会令人反感。比如，你发现面试官是自己的校友，于是就在面试时冒冒失失地称呼对方为"学长"、"学姐"；打听到面试官是你的老乡，就一副"老乡见老乡，两眼泪汪汪"的样子。这些举止都难以给面试官留下好印象。

面试官也是职场中的一员，他们也需要避嫌：如果你在面试的时候与他套近乎，被他的同事看到，这对于面试官来说，就是一个把柄落在了别人的手中。为了免除后患，即使你很有能力，他也不得不忍痛割爱，毕竟自己的前途很重要。

求职者套近乎的办法层出不穷，不仅会在面试中直接与面试官套近乎，还会在面试前或者是面试后与面试官套近乎。比如说，一些神通广大的求职者不知道从哪里知道了面试官的电话号码或者是电子邮箱，于是在一些节日里就会向面试官发送一些祝福的话语。他们以为这种做法能够博得面试官的好感，殊不知反而会让面试官产生反感，因为他们会产生一种被"偷窥"的感觉，无论是电话号码还是电子邮箱，都属于面试官的私人信息，你却从一些渠道将这些都调查得清清楚楚，想不让他生气都难。

不仅如此，过度地与面试官套近乎还会减少你在面试中展现自己才能的时间；如果你不能给面试官留下能够胜任工作的印象，那么即使你套近乎套得再好，也难以得到这份工作。作为面试官，他的主要工作就是为公司选拔人才，所以在面试中他最看重的还是求职者是否具有真才实学。如果你没有才能，而他却因为你的套近乎而把你招进去了，那么他将面临极大的风险。出于这方面的考虑，他也不可能仅仅因为你的套近乎就招录你。所以，求职者一定不能把面试的时间都浪费在套近乎上，那会使你失去机会。

一位人事经理讲了他曾经经历过的一件事情。那个时候他所在的公司要招聘，他在众多的简历中发现有个人居然是自己的校友，这让他大感意外，所以在面试的时候，他随口提了那么一句，谁知道对方居然就以此为契机，和自己套起交情来。

那人抓住这个话题，不断地和他谈大学的事情。他几次想要转换话题，把话题引到面试上来都没能成功，只能无奈地坐在那里听那个面试者侃侃而谈。结果半个小时的面试很快就过去了，他只能遗憾地请那个人离开。

这位人事经理表示，根据那个人的简历可以判断，那个人在所有面试者当中绝对属于前几名，但是就因为他把时间都浪费在套交情上，没能展示自己的才能，最终失去了工作。

在面试中与面试官拉关系、套交情是正常的，这可以帮助求职者缓解紧张的情绪，缓和压抑的谈话氛围。但是什么事情都是过犹不及，如果你把大多数的时间都浪费在这上面，那就是本末倒置了。不要忘了，你是来参加面试的，不是开老乡会和同学会的，展示自己的才能才是最重要的。如果在面试的过程中，面试官主动提出了你是他的"校友"、"老乡"之类的话题，你只要回应一句就可以了，没必要在这个话题上浪费太多的时间。除非面试官非常有兴趣在这个话题上与你交流，那你倒是可以多说两句，但是也不宜过长时间。有了套交情做前提，再加上你优秀的表现，一定可以将工作收入囊中。

5. 面试时表现得"太能干"，不容易被聘用

在面试中，求职者总是试图要向面试官证明自己的优秀，殊不知，如果你表现得太"能干"，也会引起面试官的反感，导致面试的失败。一些求职者总是在面试官面前摆出一副"舍我其谁、睥睨天下"的架势，然而这种架势却容易"吓坏"面试官，让面试官不敢接纳你。

不同的公司、不同的岗位需要不同的人才，公司在招聘的时候需要的是最适合这个岗位的人，而不是最优秀的人。比如说一家公司招聘的是经理助理，而你偏偏在面试官的面前表现出你具有当经理的能力，那

对不起，"庙小容不下大和尚"，您还是另谋高就吧。

一个普通高校的应届毕业生和一个远程教育的毕业生，你会选择哪一个？毫无疑问，正常的人在看到简历的时候，自然会倾向于普通高校的毕业生。但是面试的时候却有可能出现大逆转。

一家公司招聘外贸经理助理，就收到了这么两份简历。面试的时候，面试官问到了将来的职业规划问题，那位普通高校的毕业生立刻来了精神，像喊口号一样将自己的计划抖落了出来：两年以内，年薪10万，快速进入管理层！这句话一下子把面试官给震住了：这么有雄心壮志的人，公司恐怕容纳不下，因为怎么看，公司都不可能在两年内给他年薪10万。而那位远程教育的毕业生则说得比较切合实际。最终面试官决定留下那位远程教育的毕业生。

职业规划越来越重要，面试官往往也会在面试中问到这个问题。通过这个问题，面试官可以了解到公司所能提供的平台是否能满足你的职业目标以及你能否长期安心地在某个岗位上工作。每一家公司都希望自己的员工能够安守本分，"不想做将军的士兵不是一个好士兵"的论调在职场中并不受欢迎。所以，求职者在面试的时候，一定不能表现得超出面试官的预料，否则他会认为你不能安分工作。在回答类似问题的时候，可以就如何开展工作多谈一些，少涉及薪酬和职业目标。那么，求职者如何才能表现得不那么"能干"呢？

1. 不要过高地估计自己

永远不要认为自己已经很了不得了，因为在招聘公司面前，你永远都是一个求职者，永远都是处在弱势，没有一家公司是非你不可，也没有一家公司非你不要。在面试中，尽量表现得低调一点儿会让你更成功。

有了3年工作经验的丽莎自信满满，自认为自己在这3年的时间里，已经拥有了很强的工作能力，所以她从原来的公司辞职，准备到更大的公司中去。这天，她看到某大型的外企正在招聘部门经理秘书，于是就投递了简历，并获得了面试机会。

面试进行得很不错，丽莎的表现让面试官也很满意，但是最后的5分钟里，她却栽了一个大跟头。面试官在快要结束时随口说道："你还有什么问题吗？"

丽莎很专业地问道："我只想提两个问题：一、听说贵公司遭受金融风暴的打击较深，这一季度公布的财报不是很好，请问公司有什么对策？二、最近你们的竞争对手XX公司出台了一系列推广新产品的市场活动，收效很不错，而你们的新产品却迟迟没有推出，请问贵公司在新产品推广上是怎么考虑的？具体有哪些市场推广计划呢？"

面试官看着一脸傲气的丽莎，用很标准的公关辞令回避了这些问题。回去之后的丽莎一直没有接到该公司的复试通知。

在面试官面前展现自己的能力是必要的，但是也要掌握一个度。如果你表现得太过突出，超越公司的要求太过，那么你的能干反而会成为缺点，因为公司容纳不了你这样一个能干的人。每家公司在招聘的时候，都会对求职者提出一个要求，只要是你的表现与它们的要求符合了，那你就能成功，没有必要非要表现得那么突出。表现得太突出，你反而不再适合他们所要招聘的岗位，那你只能出局。

2. 口气太大令人逆反

一些求职者在面试的时候，为了展现自己强大的自信心，为了将自己推销出去，往往对你做出很高的评价，而这些评价听在面试官的耳朵里却不那么顺耳，他不认为你的确是这样一个厉害的人，却认为你是一个妄自尊大的人。

一家建材公司招聘工程部经理，一名中年男子前来应聘。面试官问到："你能谈谈你的工作经历吗?""我在这个行业是很强的。"求职者自信地答道。"哦? 怎么说?"原本正在看简历的面试官抬起头来,审视了一下眼前的求职者,显示出浓厚的兴趣。

"我在该行业做工程项目 10 多年,可以说,提到我的名字,几乎大家都知道。各零售商、企业我都很熟悉,人脉非常广。仅仅 2005 年,我的销售额就达到××元。某某酒店几千平方米的场地装修建材,某某医院几千平方米的地板都是我负责接洽的……"求职者滔滔不绝。

面试官果断地打断了他的话,并接着问了几个不痛不痒的问题,就结束了面试。

求职市场上鱼龙混杂,爱吹嘘自己和夸夸其谈的人多如牛毛,对于这样的人企业难以判断是否真的具有他自己所说的那样的能力,所以只能选择退避三舍。相比之下,企业更愿意招聘那些脚踏实地、谦虚务实的求职者。所以,那些喜欢在面试中喊一些空洞的口号和夸耀自己的人是不受企业欢迎的。

3. 了解职位信息和用人单位意愿

求职前先详细了解各个职位的信息,了解该职位的具体的工作内容,并了解该公司对职位的要求。这样,在回答面试官提出的问题时,就可以处处表现得和该职位非常吻合,最能够胜任这份工作。

4. 了解行业性质

各个行业对于求职者的能力的要求也不相同,比如 IT 行业看重求职者的学历、能力和潜力;而商贸企业受到业务、客户的影响,更看重真诚和稳定等。在此基础之上,求职者就可以有选择地突出自己的能力,规避不应该表现出的能力。

6. "作秀"过度，适得其反

　　面试是入职前的最后一关，只要能够通过这一关，心仪已久的职位就可以成为自己的囊中之物了。所以，很多求职者都在面试之前做了最充足的准备，打算在面试的时候，来一场最优秀的演出，打动面试官，一举拿下那份工作。然而，当演出结束，你正在暗自窃喜的时候，对方却没有了回音。你心有不甘地打电话回去询问的时候，对方却告诉你已经招了人的时候，你是否会欲哭无泪？因为你实在不知道自己究竟哪里做错了。

　　刘敏是大四的学生，在校园招聘会上，他发现了自己一直想要去的一家公司在招聘，于是就投递了简历。一直成绩优异的刘敏凭借着简历中的种种奖励和荣誉获得了这家公司的面试机会，这让很多同学羡慕不已，他自己也非常高兴。为了能够成功地应对面试，从接到面试通知的那一刻开始，他就开始认真地准备。

　　刘敏在面试中表现得非常激情，打从一进门开始就让面试官感觉热情扑面而来。当然，面试官可以理解他的这种心情，毕竟一个应届毕业生可以到这样的大型公司来面试是难得的机会。然而，刘敏接下来的表现却让他们非常不满，因为无论面试官提出什么样的问题，他都准备了一大箩筐的话，滔滔不绝。尤其是在讲到自己的经历的时候，刘敏更是眉飞色舞，绘声绘色地将他曾经取得的奖励和荣誉用最好的话语描述了出来。面试官不得不三番五次地打断他的话。直到面试结束，面试官想要问的问题也没有问完，只能草草了事。

　　面试官一致认为，刘敏过于浮躁，又不懂得与人配合，而且狂妄自大，根本就不能胜任工作，所以就没有给他复试通知。

有些时候，站在你自己的角度来看，你的表现的确很精彩，但是站在面试官的角度来看就不一样了。不要忘记了，面试是面试官主导的，你的表现必须在面试官的指引下进行，如果你忽略了这一点，那么你的表现再优秀也没有用。当你不顾面试官的感受，陶醉在自我表演中的时候，面试官就在不断地给你减分，直到叫停你的表演为止。

求职者需要在有限的面试的时间里，让面试官充分地了解自己的优点和价值，因此，必须争分夺秒地多说一些、多做一些。然而正是这种心理，导致了求职者在面试中表现得过了头，结果给面试官留下夸夸其谈、狂妄自大的印象。面试不是你一个人的独角戏，而是需要你与面试官配合；当你滔滔不绝地表现自己的时候，是否意识到你的表演根本就不被面试官所接受？所以，在面试中"作秀"过了头，就会痛失到手的机会。

每个人都有表现自己的欲望，尤其是在非常渴望得到面试官认可的面试过程中，表现自己更是无可厚非。但是一定要懂得不要太过，如果你的表演太过，反而会弄巧成拙，不仅不会得到面试官的认可，反而会招来恶感。那么，在面试官的眼里，哪些"作秀"属于太过的表现呢？

1. 过分推销，忽略面试官

一些求职者在面试中只顾推销自己，忽略了面试官的存在，面试官自然不会买账。这就像是一个推销员在向你推销，而对你却视若无睹，只是自说自话，你会愿意买他的东西吗？面试是一个双向交流的过程，而不是单方面的演说，你如果想得到面试官的认可，就必须和面试官进行交流，这样才能得知他的真实想法。如果你不顾面试官的感受，滔滔不绝地进行演讲，那就会显得有一些傲慢、专横、自以为是。

2. 反复强调所取得的成绩

在面试中强调自己取得的成绩是正常的，因为你需要用这个来证明自己是能够胜任工作的。然而千万不要反反复复地强调这些曾经取得的辉煌，那会让面试官觉得你是一个沉湎于过去的人。不要忘了，你现在正在做的事情是在争取眼前的职位，而不是回忆过去；如果你总是不断地细致描述你曾经取得的成绩，那么面试官可能会认为你不具备开拓进取的精神。所以，在陈述自己的成绩的时候，应该尽量简洁、明确，只要能够把事情说清楚就行了，千万不要啰哩啰嗦。如果你觉得那不够分量的话，还可以就眼前正在申请的职位谈谈自己的看法，这比强调过去的成绩更能吸引面试官的兴趣。

7. 面试中要避免"学生气"

一个人在大学毕业之前，大多数的时间都是以学生的身份出现在各种场合的，这么长时间的熏陶，必然会形成一种学生独有的特质，这就是"学生气"，在某种意义上来看，学生气似乎挺好的，然而如果你把学生气带进职场的话，那你的职场之路必然是十分艰辛的。每个圈子都有自己的一套规则，做人、做事、说话、穿衣等等都与另外的一个圈子不同。当你脱离学生时代、与学生的身份说拜拜的时候，就应该立刻把身上的学生气褪去，进而转化为一个标准的职场人士，这样你的求职才会顺利，否则你的学生气将会让你在求职中四处碰壁。

赵倩大学刚毕业，每天都忙着找工作，这一天她在报纸上看到有一家单位正在招聘会计，正好与自己的专业相符合，而且待遇也不错，于是她决定投简历。简历投完的第二天，她就得到了面试通知。

面试很顺利，赵倩凭借着自己出色的专业成绩和面试中的表现征服了面试官，面试官当场拍板决定录用。然而，还有一个问题是非常棘手的，因为面试官对她说："如果要来工作的话，户口是要随之搬过来的。"这让赵倩非常作难，这样的大事她不敢自己做主。于是她对面试官说："要不，我回去跟父母商量一下后，再给你们答复行吗？"面试官听了她的话之后一愣，然后笑着说："可以，但是下次来参加面试的时候，不要再说'和爸爸妈妈商量'，那会显得你非常没主见。"

大学时候的你虽然已经成年，但是由于没有谋生的能力，所以还难以独立，什么事情都依靠父母。但是一旦你走出校门，在职场中你就是一个独立的人，任何人都代替不了你，包括你的父母，所有的事情都需要你自己拿主意。如果你在面试的时候还表现得像一个长不大的学生，那么面试官肯定不会给你机会，万一公司以后有什么事情需要你做的时候，难道还要等你和你的父母商量之后再做吗？企业需要的是一个成熟的、能够独当一面的职业人士，而不是一个还需要人照顾的孩子。

无论你多么眷恋学生时代的生活，都不能不摆脱身上的学生气，毕竟你已经离开学校、不是学生了。你需要求职，需要工作来养活自己，而学生气会成为你求职的障碍。所以，你必须摆脱学生气。学生气表现在人的穿着打扮、言语举动当中，如果你带着学生气去面试的话，必然难以逃过面试官的法眼。想要从气质上改变学生气并不是一朝一夕的工夫，但是我们可以适当地包装自己，让自己的学生气在面试中不再那么明显。那么，求职者该怎样做，才能让自己不再学生气呢？

1. 穿着打扮

学生时代是比较自由的，尤其是在大学的时候，穿着打扮不受任何限制。因此，当你还是学生的时候，你可以留一头怪异的头发，可以穿一身运动服乱逛，你也可以"哈韩"、"哈日"，这是你的权利。但是一旦你去面试，你就必须规范自己的服装。职业套装在你眼里无论怎样难看、死板，你都必须去穿，因为只有这样的服装才能让你显得稳重、成熟，能够适应工作环境。试想一下，如果你顶着一头蓬松的头发、穿着

"非主流"的衣服去面试，面试官会怎么想？

2. 注意礼节

在大学里，同学之间没有任何避讳，无论在什么场合，大家都可以嘻嘻哈哈，坐没坐相、站没站相。但是面试的时候不能这样，面试中应该注意的职场礼节，你必须尽快熟悉和学会，这样你才会给面试官留下一种干练的印象。设想一下，你去面试的时候直接往椅背上一靠，面试官会怎么想？

3. 避免一些小动作

在学生时代，也许每个人都有自己独特的一套"标志性"的小动作，记住，千万不要把它带到面试中去。比如说，你在面试中不停地扳手指头、抖动腿，肯定会让面试官觉得你这个人很不稳重。

4. 注意说话的内容和方式

身为一个即将步入职场的人，必然要学会职场中一些谈话方式。如果你在面试中说的话很不职业化，那只会令面试官觉得你暂时还不具备适应工作的能力。比如说，与面试官谈话的时候，要注意用一些礼貌性的用语。除此之外，还要切记不能让面试官在你的言语中听出来你还是一个"愤青"。作为职场人士必须具备淡看一切的特质；如果你对一些问题愤愤不平，那只能说明你还不成熟。更重要的是不要固执己见。在大学时经常和同学进行辩论，但是在面试时不能与面试官辩论。

同样的一句话可以有不同的表达方式。大学时常爱耍贫嘴，将所说的话用一种幽默的方式表达出来。在面试中如果你不确定面试官是否可以接受这种谈话方式，最好还是中规中矩地回答面试官提出的问题比较好。

5. 不要沉浸在幻想中

大学的时候经常会和同学一起畅想未来，那些可以是虚无缥缈、不切实际的。但是如果面试官问你相关的问题，千万不可再像大学时一样回答，你的那种浪漫情怀只能说明你还没有认清现实，还没从学生转化为一个真正的职场人士。

8. 过分谦虚是缺乏自信的表现

谦虚是中华民族的传统美德，但是过分的谦虚在求职面试的时候会成为面试失败的根源，因为你的谦虚会抹杀你的能力，让面试官认为你的确不是一个能胜任工作的人。面试对于求职者来说是一个自我推销的过程，既然是自我推销，就不能不夸自己，不夸自己别人怎么会知道我们有多好呢？你见过哪一个推销员在推销商品的时候，反反复复地说自己的商品不好的？

有一名刚毕业的女大学生去一家外企面试，他通过层层考验，终于到了最后一关，这一关是由经理亲自进行的面试，参加者除了那名女生以外，还有一名同样是大学刚毕业的男生。经理是一个外国人，他在与这两个面试者闲聊的时候，问了这么几个问题。

"会打球吗？"

男的说："会。"

女的答道："打得不好。"

经理又问："给你俩一部小轿车，限一星期的时间，有没有把握学会驾驶这辆小汽车？"

男的说："有。"

女的说："不敢保证。"

经理再问："厨房里有的是蔬菜，你俩能不能给我做几样拿手好菜，我这人不挑剔。"

男的说："没问题。"

而她却腼腆地说："做得不好。"

面试的结果可想而知。

面试的时候，求职者需要通过自己的表现来赢得面试官的青睐，如果在这个时候你还谦虚，那么你怎么才能让面试官欣赏你？难道就凭你那谦虚的品质吗？那不可能。首先，谦虚的品质虽然难能可贵，但是对工作没有帮助；其次，面试官怎么知道你是真的谦虚，还是本来就没有那种能力呢？过分的谦虚就不再是谦虚，而是自我贬低。再说，谦虚通常发生在别人表扬自己的时候，而面试的时候，面试官并没有表扬你，只是询问你一些问题，你又何必过分谦虚呢？只要照实说自己会还是不会、能还是不能就够了，妄自菲薄只会让面试官对你失去兴趣。

过分谦虚必然意味着求职的失败，因为你无法在面试中展现出自己的才华。面试官需要在众多的求职者当中挑选出最能适合工作岗位的人，当其他人都在自我表扬的时候，你却在那里老是说自己不行，面试官又怎会对你有兴趣呢？谦虚是一种美德，但并不是时时都适用，尤其是这些年以来，西方的管理经验传入中国，中国的一些企业也不再对那些谦虚的求职者感兴趣了，他们需要的是那些具有强烈的自信心、敢于表现自己的人。

史强是一所名牌大学工业自动化专业的毕业生，去一家公司应聘动力设备部经理助理的职位。面试官问他："你觉得你能胜任你应聘的职位吗？"他谦虚地答道："现在我还谈不上能胜任，但我可以多向领导请教，向同事学习，在实践中边干边学，积累经验。"面试官又带他到生产车间实地参观，他又开始表现自己的谦虚了："哇，这么先进的设备，我还从没有见过呢！如果我能应聘上，一定好好学习，钻研这些先进设备和技术，希望公司能给我一个学习的机会。"

结果面试官这样对他说："对不起，我们要招聘的是能够胜任本工作的人才，要立即能够工作，而不是招聘培训生，你并不符合我们的要求。"本想用自己的谦虚打动面试官，没想到"偷鸡不成蚀把米"，史强后悔不迭。

求职者在面试的时候千万不能太谦卑，而应该实事求是，有多少才能、能否胜任应聘的职位以及其他工作，都应如实地表达出来，行就说行，过于谦虚、客气，面试官不吃这一套。再说了，既然你这么不自信自己能够胜任这份工作，你又干什么来呢？对于企业来说，他们需要那些有真正的才能、有自信能为公司创造利润的人。你谦虚地说你可以学习，那么你还是回到学校去进修吧，公司不是你学习的地方。

面试的时间不长，面试官需要在这么短的时间内，了解你的长处，你也需要在这么短的时间内，表现自己的优点。所以，没有必要把时间都花费在谦虚上。如果你过分地谦虚，面试官就无法从面试中得知你的本领。当然你也不能为了得到工作而浮夸，那也会被面试官戳穿。最好的办法就是实事求是，既不夸大，也不谦虚。不要担心你的不谦虚会被理解成狂妄自大，你要相信面试官有判断的能力。

9. 巧妙应对面试中的尴尬时刻

人与人谈话的过程中，总是会一不小心就碰到尴尬的情况，在面试这种重要而又紧张的场合，更容易出现尴尬的局面，特别是一些面试官为了考察求职者的应变能力，还有可能会特意设置尴尬的局面。如果不能妥善地处理这种尴尬的局面，必然会对面试产生影响。一些求职者由于没有充分的准备，结果在面试的时候一出现尴尬的局面，就不知所措，最终导致面试的失败。所以，作为求职者有必要了解在面试中有可能会出现哪些尴尬的局面，准备好应对办法。

1. 面试官询问隐私

很多求职者在面试的时候都会遇到被问隐私的经历，比如："你有男朋友（或女朋友）吗？"这样的问题通常都是面试官有意问的，他们出于公司需要的考虑，必须知道这些事情。不同的单位对待这个问题的态度是不一样的：有的希望你谈了恋爱，有的则不愿意你交了异性朋友。不管怎样，这个涉及个人隐私的问题，让很多职场新人无法招架，陷入尴尬当中，更有很多会在暗中骂这家公司无聊，问这些问题。但不管怎样，既然问题已经出来了，你就必须做答，否则你就会失去工作机会。

面试官："你有男朋友吗？"

求职者："有。"

面试官："那他和你在一起吗？"

求职者："不在，他已经在××城市找好了工作。"

面试官："呃……那你把简历留下吧！有消息我们再通知你。"

公司之所以会问这个问题，大多数是因为想要了解求职者能否长时间在这个城市待下去。如果你已经有了男朋友（女朋友），而两人又分居两地，那么你肯定不可能长期在这个地方待下去，那么公司也就不会聘用你。所以，求职者在回答这个问题的时候，一定要本着一个原则，那就是不能告诉公司你随时都有可能离开。只要坚持这个原则，你就可以随机应变。

这样的问题，回答单身是最好的，但是如果你的年龄已经不应该是单身了，你再说自己是单身，那就会引起面试官的怀疑了。所以，是否回答单身要视情况而定。

2. 紧张

紧张是造成面试中出现尴尬局面的重要原因。无论是有多么丰富的面试经验的人，在面试的时候多多少少还是会有一点紧张的。但是小小的紧张不会影响大局，反而会帮助求职者集中精神；可如果过分紧张，就会给面试官留下不好的印象，而且不能集中注意力应对面试官提出的问题。所以，求职者在面试的时候，一定要学会控制情绪。

要想消除紧张，首先必须淡看面试结果：如果我们过分地在意面试的成败，必然会万分紧张。另外，在面试之前做好充足的准备，做到心中有底，也可以帮助我们消除紧张感。除此之外，在面试之前，多做深呼吸，也有助于平和心态。

3. 说错了话

人在紧张的时候最容易说错话，心里想的是一样，说出来又是一样。比如，说错所应聘的公司的名称、弄错职位名称，或是把面试官的姓氏张冠李戴。这些状况都有可能出现在面试的时候，没有经验的求职者在遇到这样的情况的时候，往往会心慌意乱、不知所措，接下来的表现则会更加糟糕。

说错话是面试中的常态，越是在这个时候越要保持冷静。假如你说错的话无碍大局，也没有得罪面试官，那么你没有必要耿耿于怀，更不用担心面试官会因此而放弃你，因为面试官绝不会因为你的小小失误而忽略你的才能。当然，如果你说的错话比较严重的话，你应该在第一时间更正并真诚地向面试官道歉，这样才能挽回大局。总之，在说错话的时候，一定要保持镇静，千万不要因此而影响了接下来的面试。

4. 沉默

有的时候，面试官会在你回答完他的问题之后，故意保持沉默，以考察你的应变能力。这个时候的气氛是非常压抑和尴尬的，如果你不善于打破沉默的话，面试就会陷入僵局。一些求职者无法把握面试官的沉默所释放出的信息，单纯地以为是自己的回答不够理想，让面试官产生了不好的感觉，故而紧张万分、懊恼不已、嗫嗫嚅嚅、无话可说。

事实上，在面试之前，你就应该做好相关的准备，因为沉默是面试官经常会用来考察求职者的反应能力的方法。无论怎样，你都不能让沉默长时间持续下去，否则你的面试就彻底失败了。你可以选择新的话题，也可以接着原来的话题谈下去，或者还可以主动"唤醒"面试官的意识。

5. 遇到不懂的问题

无论你有多么丰富的知识，对相关工作有多深的了解，在面试的过程中都有可能会遇到不懂的问题。面对这样的问题，有的求职者为了掩饰自己的无知，往往会硬着头皮乱说一通；有的会东拉西扯，企图蒙混过关。这都是下策，因为你的乱说和避重就轻会让面试官对你的知识以及你的为人产生怀疑。

最好的应对办法就是向面试官坦承自己的确不懂得这个问题，这样，虽然你可能会表现出知识匮乏，但是你的真诚却可能会博得面试官的好感。毕竟每个人都不能事事精通，你有不懂的地方也是很正常的。

6. 遇到了模棱两可的问题

有的时候，面试官提出的问题会让你感觉很迷茫，也许是表达的方式给你的理解造成了难度，你没能弄明白面试官是想要问什么。在这个时候，千万不要随便地按照自己的理解来解答面试官的问题，因为如果你的理解是不对的，你的答案将会让面试官对你的能力产生怀疑。最好的办法是能主动询问面试官、把面试官的问题弄明白了再组织答案。

当然，问的时候不能太直白，因为当面指出"您的问题很模糊，我不知道您想问什么"会让面试官很恼怒，甚至会认为你的理解能力有问题。最好是能够采取一种婉转的办法来询问，比如，你可以说"不知道您想知道的是不是……"

第八章

Chapter8

XUE
MIANSHI

当你遭遇刁钻的面试官

　　在面试中，面试官为了全面地考察我们是否能够胜任工作，往往会在面试的过程中故意"刁难"我们。面对这样刁钻的面试官，如果我们应对不善，就会马上被淘汰。所以，我们应该了解那些刁钻的面试官通常会选择的"刁难"方法，只有这样才可以在面试中从容应对。

1. 面试官最爱设的 5 个圈套

平平淡淡的交流并不能帮助面试官考察出求职者的知识、智慧、性格等综合素质，所以，面试官必然会想办法设置各种各样的"圈套"，引我们上当，如果我们能够不被面试官的圈套所击败的话，那么我们就成功；如果我们落入面试官的"圈套"，那只能证明我们能力不足，结果自然是失败。所以，作为求职者，你必须知道面试官经常会设置哪些"圈套"，什么样的表现是中了"圈套"的表现，怎样才能绕开这些"圈套"。

圈套一："激将式"圈套

平平淡淡的询问不能给求职者造成心理上的压力，面试官当然不会这么轻松地让求职者过关，他往往会采用激烈的方式来问问题，以咄咄逼人的架势，让求职者心慌意乱、心乱如麻。如果你不能很好地应对面试官这样问问题的方式，那么很快你就会自信心瓦解，进而语无伦次、结结巴巴，甚至会因为面试官的过激的提问而与面试官发生争吵。

应对面试官的咄咄逼人，首先，你需要稳定心神，切不可因为面试官气势上的压力而心中波澜起伏。只有稳定，才能应对面试官咄咄逼人的问题。其次，回答面试官的问题时要注意自己的表情和语气。微笑着直视对方的眼神，并且用自然、流畅的语气回答才是最佳的选择。这样，面试官咄咄逼人的目的就没有达到，你也就成功了。

圈套二："挑战式"圈套

每个人都有自己欠缺的地方，即使你认为你是完美的，面试官也能找到缺陷。缺陷正是面试官布置"挑战式"圈套的着手点，他会从你的最薄弱的地方下手，戳痛你的软肋，看看你有什么反应。如果你因为面试官的"挑战"而强硬地"防御"，那么你就落入了面试官的圈套了；同样地，如果你默认了面试官的"挑战"，那么你还是失败。

应对这样的问题，软了不行，硬了也不行，必须软硬兼施，软中有硬，像打太极一样，将面试官的观点驳倒。比如说，面试官说你没有任何相关的工作经验，无法胜任工作，那么你就不能直接否定面试官的观点，直接的否定，说明你是一个狂妄的人；也不能全部接受面试官的观点，全盘接受，说明你的确没有工作能力。你的回答可以从两方面着手，一是承认自己有经验上的欠缺，二是没有经验不意味着没有工作能力。这样的回应有理有节，面试官是挑不出任何毛病的。

圈套三："诱导式"圈套

有些求职者认为在面试中应该顺应面试官的意思来回答问题，因此不论面试官提什么样的观点，都顺杆往上爬。事实上，面试官可没有这么简单，他们往往会在面试中，设定一些有诱导性的问题，引诱你做出错误的回答；如果你对面试官的观点，不加辨别，就随声附和，那么你就落入了面试官的"圈套"中了。比如面试官说："以你的条件可以找到更好的工作吧？"如果你回答"是"，那么你就是"吃着碗里的，望着锅里的"。如果你回答"不是"，那就说明你能力不够或者是缺乏自信。

这样的问题，无论你回答"是"或"不是"都不行，对于这样的问题，不能以这么简单"是"或"不是"了结，而应该给出一个比较中庸的回答。既要说明自己是有能力的，又要说明你对这份工作是渴望的，对这家公司是向往的。比如，你可以以"不可一概而论"作为开头，然后详细地阐明自己的理由。这样一来，面试官就抓不到你的尾巴了。

圈套四："测试式"圈套

面试官的问题未必都是实实在在的，有些时候他会虚构出一个特定的场景，根据那个场景，让你来回答虚拟的问题。这样的问题往往最能够考察你的临场应变能力。比如说，面试官可能会问："今天参加面试的有近 10 位候选人，如何证明你是最优秀的?"这是一个虚拟的场景，而不是一个真实的状况，如果你像平时面试一样列举自己的优势，那么你的回答必然是没有任何意义的。

面对这样的问题，你可以耍个滑头，将虚拟的问题具体化，以最简单的方式来回答。你可以这样说："对于这一点，可能要因具体情况而论，比如贵公司现在所需要的是行政管理方面的人才，虽然前来应聘的都是这方面的人才，但我深信我的经历已经为我打下了扎实的基础，这也是我自认为比较突出的一点。"这样的回答虽然看起来比较简单，但是却不会留下把柄给面试官。

圈套五："引君入瓮式"圈套

这类圈套是最难防的，面试官会问你一个非常简单的问题，然后让你发表自己的意见，而这个问题正是一个大大的圈套。为了防止你不上钩，面试官还会假意站在你这一边，让你以为你的回答深得他的心意。比如说，面试官问："你原来那家公司肯定不好吧，要不，你也不会跳槽了。"如果你在这个时候向面试官大吐苦水，义愤填膺地抨击你原来的公司，那你绝对是跳入了面试官挖好的一个大坑。这不仅暴露出了你的狭隘，也看得出你是一个喜欢背后嚼舌头的人。

越是面对这类简单的问题时，你越是要提高警惕，想清楚面试官到底是想要知道些什么，他绝对不会无缘无故地问出一个和面试无关的问题，也绝不会有兴趣听你的闲扯。所以，回答这类问题的时候，切不可掺杂个人情感，最好站在客观的角度来回答。这样你的回答多半是不会有什么太大的纰漏的。

2. 面试官最刁钻的 8 种问题

每个面试官都有自己独特的一套考察求职者的方法，除了我们所熟悉的正常的一问一答的面试流程以外，还有很多刁钻古怪的面试题，而这些题往往比正常的面试题目难以应付，很多求职者都是败在这上面。以下 8 种问题是面试官经常会用到的最刁钻的问题。

1. 秘而不宣的考题

面试什么时候开始，什么时候结束，很多时候真的难以弄明白，因为面试官不会告诉我们。由于每一个人在面试之前都是有所准备的，如果告诉了我们，就不一定能够看出一个人的真正水平。所以，有些时候，在你认为面试开始之前，面试已经在进行了。

一位求职者去面试，然而面试官在指定的时间里却没有到来，他只能在办公室里等待。无聊的他发现办公桌上一片狼藉，很是不舒服。出于习惯，他将桌子上的资料全部都分类整理好，然后放在了一边。

过了一会儿，面试官过来了。简单的几个问题之后，面试官就宣布他被录用了。这名求职者感觉很是迷茫，他不明白，面试官为何如此笃定地选择自己。面试官解释说："其实，刚才桌子上的一堆资料也是面试的内容，你是唯一一个意识到桌子的凌乱、并主动整理好的人。我们招聘就需要一个心细而且有工作意识、有责任心的人。你符合了这个标准，而且你的能力也在我们要求的范围之内，我们当然会录取你了。"

如果整个的面试过程都告诉了求职者，那么求职者的应试难免会有表演的痕迹，这对于面试官考察求职者非常不利。最好的办法就是什么都不告诉，让求职者在最自然、最放松的状态之下进行应试，这样的表现才是最真实的。所以，求职者在面试的时候，一定要增强应试意识，关注每一个面试环节，只要是到了公司，你就要时时刻刻提醒自己：面试已经开始。这样才不会因为忽略面试的每一个细节，而失去工作机会。

2. 答案因职业而异的考题

面试是为了寻找一个适合工作岗位的人而进行的，所以求职者的回答必须要与自己的职业相适应，否则你的答案就是不对的。所以，求职者切莫去寻求什么标准答案，一定要根据自己的职业来回答相关的问题。

一个人参加公务员的面试，面试官问："请回答 $1+1=$ ？"这人曾经见到过有些书上曾经出现过这个问题，于是不假思索地回答："你需要它等于几，它就等于几。"结果他被淘汰了。这个问题看似毫无意义，但是面试官却是要从中考察求职者做事的态度。对于公务员来说，最重要的做事的态度就是实事求是，这名考生的回答如此随意，只能说明他要么是一个盲从的人，要么是一个喜欢生搬硬套的人。

面试官提的有些问题不会像表面上那么简单，越是那种看起来毫无意义的问题，越是要谨慎对待。如果你无法知道面试官想要知道什么，那你就尽量往自己的职位上靠，这样你的胜算可能就会大一点。

3. 故设圈套的考题

面试官有的时候会用假设的方式给求职者出难题，那些假设的问题通常就是一个圈套，一不小心你就会落入陷阱之中。比如说，面试官说："你的报考表里的自我评价一栏里有 3 个错别字，现在我们没有多余的表格，该怎么办啊？"这个时候你不能轻信面试官的言语，而应该想想自己到底有没有错，然后再回答面试官的问题。如果你不加思考，急得像热锅上的蚂蚁，并一再地请面试官想办法的话，那你就失败了。

4. 无需准确答案的考题

有些考题并不需要标准答案，你没有必要揪字眼，给出一个大而化之的答案是最好的选择，否则你就是出力不讨好。比如："现有 10 套三居室、20 套两居室的住房，有 100 人要求参加分房。作为负责人，你怎样把房子分得公平合理？"这样的问题，你不需要给出一个合理的分配方案，而只需要告诉面试官具体的办法就行了。

5. "暗藏杀机"的考题

有些考题看似无关紧要，实际上却是暗藏玄机，如果你漫不经心，那么你给出的答案必然难以得到面试官的认可。比如，面试官可能会在面试开始的时候就问你："你是怎么过来的？"这问题看似普通的寒暄，事实上却有可能是在考察你对交通路线的熟悉程度。

6. 与所聘工作"毫不搭界"的考题

有些时候，面试官会问一些和工作完全不相关的问题，这类问题回答不上来看似无伤大雅，事实上却能起到决定性作用，因为这类考题考察的不是你的能力，而是你为人处世的态度。比如，在面试的时候，也许面试官会问你父母的生日。如果你回答不上来，那只能说明你是一个不懂得关心长辈，做事不精细的人。

7. 从求职者所携带的物品上出的考题

面试官对于求职者总是充满好奇，你面试时的穿戴以及所携带的物品都有可能会成为面试官随机提问的对象，特别是在你的穿戴或携带的物品比较特殊的时候。比如，你去面试的时候携带了一个超大型的包裹，那么面试官就可能会问你带这么大的包要干什么去。如果你回答说，你要出去旅游，那么你很可能会失去工作，因为你根本就没有把面试当回事，要不然你不会把面试和准备旅游放在一起来准备。

8. 临场而出的考题

面试官通常都会对面试的问题进行事先的准备，但这并不影响他在心血来潮的情况下，进行突如其来的考核。这类问题通常都会比较突兀，让人难以招架。比如说，你去应聘设计师的职位，那么面试官可能会在面试的时候，让你对他的办公室进行简单的设计。

3. 如何描述你的离职原因最恰当

跳槽是职场的常态，而跳槽的原因却成为跳槽之后就业的阻碍。几乎每一家单位都会在面试中问到同一个问题："你能否描述一下你离开以前所供职单位的原因？"这个问题的答案往往决定你能否成功地就业。

造成求职者离职的原因很多，如果你的原因是客观因素造成的，比如，上下班路途远、专业不对口、结婚、生病、休假等，那么你尽可以照实说来，那不会影响新的用人单位对你的评价。然而，有一些会影响到招聘单位对你的评价的原因却不能照实说，否则，新的单位也担心你会因为同样的原因，草率地离开公司。

姚广田在一家公司做业务两年，虽然在这两年的时间里，他工作业绩突出，但是长期和上司不和，最终他忍无可忍地离开了公司。经历了一段时间的待业之后，他又一次到一家公司面试。

在面试中，姚广田遇到了惯例性的问题："你为什么离开原来的公司？"姚广田认为这没有什么好隐瞒的，于是就照实告诉了面试官，结果他没能应聘成功。面试官认为姚广田在这家公司两年，还没能和上司搞好关系，那么说明他是一个不善于搞人际关系的人，这样的人将来在自己的公司也同样会这样。

吸取了这次教训之后，姚广田在后来的几次面试中都把离职原因改成了"薪水太低"。然而他同样还是没能应聘成功。"薪水太低"的原因同样不被面试官认可，因为这样一个在乎收入的人，一旦有别的公司来挖墙脚，他一定会再次跳槽。

几乎所有的用人单位都会毫不例外地想要通过求职者离职的原因了解更多关于求职者的信息，同样他们会无一例外地会根据求职者在原来公司的表现推测求职者将来会在自己的公司的表现。所以，在回答面试官的这个问题的时候，一定要注意淡化敏感答案，不给面试官留下猜测的余地。也就是说，你的答案要让面试官清楚明白地知道，你在过去单位的"离职原因"在此家招聘单位里不存在。

事实上，现代求职者离职的原因不外乎以下几种：人际关系不好处理、收入不合期望、与上司相处不好、工作压力大等。而这些原因或多或少都与求职者本身有关系。这些原因反映出求职者不能应对工作。所以，这样的原因最好不要出现在面试中。

1. 收入太低

如果你离职的原因仅仅是因为收入太低，那么你能够在一个工作岗位上稳定下来的可能性就非常低，因为你对收入的要求会随着工作时间的加长而不断提高，而公司的薪资制度无法满足你对薪水的需求。这样一个随时会跳槽的人，招聘公司又怎么会要呢？当然，如果你在那家公司干了很久的时间，且做出了成绩，而那家公司给出的薪酬的确非常不合理。那么你可以详细地说明，相信面试官不会因此而对你产生"如果有更高的收入，会毫不犹豫地跳槽"的评价。

2. 人际关系复杂

现代企业讲究团队合作，每一个从业人员都需要面对复杂的人际关系。如果你仅仅因为人际关系复杂就跳槽的话，那么只能说明你缺乏人际交往的能力，从而胆怯和避讳。而新的用人单位中同样有复杂的人际关系，你一样是不能适应的。这样的话，面试官就没有必要把你招进公司，然后再等你跳槽了。

3. 分配不公平

现代企业为了调动员工的积极性，引进竞争机制，以浮动的工资制度来刺激员工，以提高业绩和效率。同时，为了不引起不必要的麻烦，公司往往会对每一个员工的工资保密。如果你因为这个原因跳槽，那么只能说明两个问题：一、你没有竞争优势；二、你有刺探别人的收入的嫌疑。有了对你的这两条的评价，那你必然是不可能被录取。

4. 领导频频换人

每一个员工在公司中都扮演着不同的角色，作为普通的员工，你所要做的事情就是工作，上层领导的更换跟你并没有太大的关系。如果你觉得上层领导的变动，影响了你的工作，那么只能说明你的适应能力太差。

5. 上司有毛病

工作中需要与各式各样的人打交道，如果你仅仅因为上司有毛病就离开公司，那么说明你缺乏与人沟通的能力。很难想象，在将来的工作中，如果你遇到了很难缠的客户会怎么样。

6. 工作压力太大

伴随着激烈的竞争，每一家公司都顶着巨大的压力在工作，相应地，公司员工的压力自然也随之加大。如果你不能负荷工作中的压力，而想要找一个没有压力的工作，那真的很难，因为没有一家公司会对一个不敢挑战困难的、懒惰的人感兴趣。

总而言之，在向面试官描述离职原因的时候，一定要想一下，你的原因会对面试官对你的判断产生什么样的影响。几乎所有的掺杂着主观的负面感受的离职原因都不可能被面试官所接受，因为那些原因所反映出来的问题都在于你自身的缺点。

当然，我们也不能回避这个问题，用"个人原因"来打发面试官，那会让面试官感觉你很不诚实。最好的做法就是利用离职的原因抬高自己。像这种主观性很强的问题，并没有一套标准的答案，最重要的是你要懂得揣摩面试官的心理，然后投其所好。

4. 当面试官问"能谈谈你的缺点吗"

面试中，每一个求职者都希望尽可能多地展现自己的优点，这样才能博得面试官的好感。然而站在面试官的角度，他不可能只关心你的优点，你的缺点更是他想要了解的信息，因此"能谈谈你的缺点吗?"几乎成为每一场面试都会被问到的问题。

这个问题让很多求职者感觉到头疼，因为他们不知道怎样的回答才能令面试官满意。首先，不能说自己没有缺点。毕竟人无完人，每个人身上都会有缺点，如果对面试官说自己没缺点，那难免会落下一个狂妄自大的评价。其次，不能过多地提自己的缺点。面试是为了展示自己的优点，如果说了太多的缺点反而把自己的优点给掩盖下去了，那岂不是搬起石头砸自己的脚?

李晶刚刚大学毕业，意气风发的她去参加面试，面试官问："能谈谈你的缺点吗?"李晶从来没有对自己进行过认真的分析，根本就不知道自己有什么样的缺点，于是头发一甩，高傲地说："我认为我自己没有什么缺点，反正是什么都能干。"面试官微微一笑，让她离开了。

事实上，面试官问关于缺点的问题，也并非是一定要从你口中知道你到底有什么实在的缺点，最重要的是他要知道你到底对自己有没有一个清醒的认识。作为一个步入职场的人，如果连自己的缺点都搞不明白，那么只能说明你还不适合到职场中来。所以，对于面试官这样的问题，求职者无需回避。但是如果你的回答不当，你所说的缺点让面试官感觉你不能胜任工作，那么你的回答同样会让你失去工作，这与狂妄地说一句"没有缺点"的结果是一样的。那么，求职者在面对这样的问题的时候，究竟该怎样作答呢？

1. 坦然承认，博得认同

每个人都有缺点，当面试官提出让你谈谈自己的缺点的时候，你一定要坦然承认，这起码在第一时间证明你是一个诚实的人，首先会让面试官对你产生一个好感。当然，仅仅是坦诚自己有缺点还不够，最重要的是要向面试官表明自己一直在试图克服缺点，这样，你正确认识缺点和努力改进缺点的精神，已经可以加深面试官对你的印象了。

2. 明谈缺点，实论优点

虽然你要向考官说明你的缺点，但是在这个过程中，你可以将你的优点穿插进去，这样做的好处就是能够平衡缺点给你带来的不好的影响。"明谈缺点，实论优点"说白了就像是"我很丑，但是我很温柔"一样，着重点在后面的内容，而不在自己的缺点上。比如，我们可以这样说："我不太善于和别人交往，但是我做事很勤恳。"或者是"我的创新能力不是很强，但是我做事非常小心谨慎"。

"明谈缺点，实论优点"要做得不着痕迹也不是那么容易，因为如果你把毫不相关的优缺点结合到一起来说，会被面试官一眼看穿，同时，如果你所强调的优点对于你将要从事的工作并没有任何帮助的话，你的优点也难以掩盖缺点带来的影响。所以，在"明谈缺点，实论优点"时，一定要注意与自己所申请的工作相结合，把缺点说成是和工作无关的缺点，把优点说成是和工作密切相关的优点。这样你的缺点就没有什么影响了。

3. 不宜说出令人不放心、不舒服的缺点

性格上的缺点通常是不能说的，首先因为性格上的缺点难以改变；其次，性格上的缺点对于工作的影响是非常大的。比如"说瞎话"、"贪财"、"懒惰"和"情绪不稳定"等。如果你说出了这样的缺点，那么面试官对你的评价一定会降低。

4. 不宜把那些明显的优点说成缺点

优点和缺点在很多情况下是可以相互转化的，某些缺点在另外一种场合可能就变成了优点。如果你想在面试官面前打这副牌的话，那你就错了：那会让你的回答显得非常做作，"不老实"的印象一定会深入面试官的心中。

5. 善于"打擦边球"

事实上，缺点指的是任何特征上的缺陷，但是很多时候，我们可以把非人格特征上的缺陷当成是缺点来说，这样一来，这种非缺点的"缺点"就可以帮助我们蒙混过关。比如，你可以说"我最大的缺点就是缺乏工作经验"。对于一个应届毕业生或者是一个参加工作时间不长的人来说，缺乏工作经验是一个明摆着的问题，根本就谈不上缺点。面试官更不会因为这个人人都知道的"缺点"而拒绝你。

6. 避重就轻

当缺点问题无法回避时，我们还可以采用避重就轻的方式来回答。比如说，你可以将缺点说成是以前，以过去的一个实例来证明自己曾经有这样的缺点，而后来意识到这样的缺点之后，一直在改进。

5. 如何适当表达被裁经历

随着公司所面临的竞争压力越来越大，危机重重的公司总是要以裁员的方式来降低公司的运营成本，裁员已经成为很多公司的常态。那些不幸被裁的员工不得不再次走上求职市场，开始新一轮的求职过程。而被裁的经历往往成为所应聘公司最想要了解的问题，如果不能很好地应对这个问题，它很有可能会成为被新公司拒绝的理由。如果你不幸被裁，在面试中你该如何适当地表达被裁的经历呢？

在经济不景气的情况下，被裁是很正常的，面试官也能够理解这样一个事实。但是面试官最关心的并不是你是否被裁，而是关心你被裁的原因，因为原因当中可以透露出你这个人方方面面的信息。

裁员虽然并不罕见，但是除了公司倒闭的原因以外，裁员总是有选择性的，为何你会成为被裁的一员？是经济形势所迫？还是自身原因？如果是自身原因，那么是能力不行？还是人际关系不好？如果你不能解答好面试官的这些问题，面试的失败也是必然的了。

于明在一家外企做销售，去年金融危机的时候，他不幸地成为被裁的员工之一。之后，他不断地投简历，但是在金融危机的影响下，工作非常难找，好不容易等到第二年的 4 月份，他才获得了一个面试的机会。面试开始：

面试官："非常感谢你前来我们公司面试，请做一下自我介绍！"

于明："我曾经在一家外企做了两年的销售工作，积累了丰富的工作经验，希望能够加盟贵公司。"

面试官："请谈谈你离职的原因。"

于明："金融危机的影响，原来的那家公司面临着严重的经济问题，不得不进行裁员，我成为其中的一个。"

面试官："请问你原来那家公司有多少人？"

于明："250 人左右。"

面试官："公司裁了多少人？"

于明："1/3。"

面试官："你所在的销售部门被裁了多少人？"

于明："只剩下一个部门经理。"

面试官："你认为你在原来那家公司最失败的事情是什么？或者说你觉得什么事情是做得最不好的？"

于明："经济危机到来之后，我和其他同事一样，一直无法很好地完成业绩指标，逐渐感觉职业压力增大，但是压力却无法转化为动力。"

每个被裁的人都不想在新的面试中表明自己被裁的原因是因为自身的能力不行，如果是的话，面试官自然不会要一个因能力不足而被裁的人。然而，精明的面试官却不会就此罢手，他会旁敲侧击，用尽各种办法来套问你被辞退的原因。像案例中所讲的那个面试官一样，他首先会问你公司裁员的人数比例，以此他可以大致地判断你的工作能力。紧接着，他会从侧面来确定你被裁的真正原因。如果你真的按照他说的讲出你在工作中的失败，那么他就有理由相信你的被裁是因为你的能力不足或者是工作态度有问题。所以，在面试官询问你的被裁的经历时，一定要小心应付。

一、如果是因为经济大环境的原因，你可以直接说出被裁的原因。经济环境不是人为的力量可以扭转的，当经济危机来临的时候，几乎所有的大企业都在裁员，你会被裁也不稀奇。面试官是可以理解的。但是，如果你是因为个人原因而被裁的话，就不宜讲出了。比如说，你因为薪水问题和老板闹翻了，或者是因为你工作不认真给公司造成了损失。这样的原因最好能够遮掩过去。

二、巧妙地应对各种旁敲侧击

面试官知道，如果他直接询问求职者被裁的过程，求职者一定不会照实回答，这样他就无法从中得知被裁的各种内情，所以面试官往往会采用旁敲侧击的方式来达到目的。下面是面试官在询问被裁的经历时经常会问的问题。

1. 请你谈谈你离职的原因

如果你是主动离职的，那么就直接说出来；如果你是被裁的，也无需隐瞒。因为面试官往往会对求职者所说的话做调查，以考察求职者是否诚实，是否走出被裁的阴影，是否可以正面地积极地应对被裁的事实。

2. 你的前一家公司或部门裁员的比例是多少

不可以说自己不知道，也不可以把比例放大，因为公司裁员通常都会把裁员名单贴出去，以给被裁的员工一个交代，所以你不可能不知道。如果你想证明你不是因为能力不足而被裁的，你可以将整个行业的不景气和裁员的状况说出来。

3. 你在前一家公司的被裁原因是什么？

这是问题的关键所在。回答这个问题的时候最重要的是告诉面试官：在原来单位的"被裁原因"在招聘单位并不存在，也就是说不是个人的原因，而是行业或者是公司本身的原因。最好是能归结到大环境当中，这样你的被裁会显得"合情合理"。

4. 谈一谈你的一次失败经历

不宜说你没有失败的经历，因为每个人都会在工作中出现失败，但是在讲述失败的原因时最好不要与自己的工作能力和工作态度挂上钩，最好能与公司扯在一起。比如说，你可以说你曾经与一个大客户谈成了一笔大生意，可是临到签单的时候，自己的公司与对方公司闹矛盾，结果导致这笔生意失败。这样，你的失败就是客观原因造成的，而与你本人无关，而且你已经尽力而为了。

6. 面试中遇到偏题要巧妙处理

在面试的过程中，面试官除了会按照一般的面试流程进行简单的提问以外，还会临时增加一些"偏题"，这些问题一般都是面试官对求职者进行的压力面试，通常都不在求职者准备的范围之内。面对这样的问题，求职者往往会心中犹豫不决，不知道如何回答，想来想去，最后答错。

秋玲因与同事闹矛盾，一怒之下辞职不干了。然而，在这个求职淡季里想要找到一份工作相当困难，好不容易有几次面试的机会，还都没有成功。其实秋玲的工作能力是被用人单位认可的，但是当用人单位提到一些偏门问题的时候，秋玲的回答总是不尽如人意。

比如这家用人单位问到："公司一般情况下是不会加班的，如果某一段时间特别忙的时候要你加班，你会接受吗？"秋玲这样回答："加班不是什么大事，需要加班的时候肯定可以加班，只要给加班费就行。"就这一个回答，就注定了秋玲面试的失败。

偏题一般和专业、技能等无关，都是一些考察个人的个性特征等内容的问题。这些问题由于比较突兀，求职者在回答的时候往往难以把握面试官的真实意图，所以很容易给出错误的答案。其实，回答这类问题有一个总原则，那就是站在公司的角度思考问题，也就是说，你必须换位思考，站在面试官的角度想想，什么样的答案是最好的。只要能够坚

持这个原则，那么你的回答就不会有太大的问题。

问题一：如果我们公司这次没有录取你，但过一段时间，被录取的人中有没能度过试用期的，腾出位置来，再通知你，你还会再来吗？

这是一个非常尖锐的问题，通过你的回答既可以看出你的诚意和对该公司的认可度，又可以考察你的性格；如果你对这个问题犹豫不决，那么说明你优柔寡断。事实上，这只是一个假设的问题，并非该公司就要这么做，所以，你完全可以脱离这个环境来回答这个问题，在自己的答案中表明自己的诚意。

以下几种错误的答案是不能出现的：

1. 为什么我还要再来？我又不是找不到工作。

2. 我不想等待，再说那时我可能早就被另一个公司录取了。

3. 现在没有录取我，说明公司没有看好我，我来了也没有意思。

如果你这样回答，就说明你把这个假设的问题当成真的了，以致反应过于激烈，那么结果自然是另谋高就。

站在公司的角度来看，它当然希望你能够非常乐意来这家公司，因为这可以说明你对这个工作充满了兴趣，在将来的工作中自然会非常努力。所以，回答这个问题的时候，你一定要表现出自己对这份工作非常喜欢，表明自己愿意做"替补队员"，只要将来还有机会，一定愿意来。这样的答案一出，你可能马上就能转为"正式队员"。

问题二：如果公司给你的工资标准没有达到你简历上所要求的工资要求，你还来我们公司吗？

从你的答案中，面试官可以得出结论：你到底是为什么而工作。如果你把薪水看得非常重要，那么公司可能不会要你，因为你这样的人对工作本身没有兴致，为了薪水你会随时跳槽。以下是会让你前功尽弃的答案：

1. 这是我的工资底线，如果达不到，那我可能就会考虑另外一个公司了。

2. 那我大概不一定会来了，因为我认为我的要求并不高。

3. 如果那样的话，那就是我跳槽后的工资还低于原来的工资，我要考虑一下。

其实这只是一个假设的问题，公司未必就不会给你所要求的薪水；即使暂时不能给你，将来也未必不会给你。所以，你没有必要在这里表示出自己的底线，那会让面试官非常反感。

薪水是工作的重要组成部分，但不是工作的全部内容。对于公司来说，他当然希望自己的员工对薪水不是那么计较，做这份工作是出于兴趣或者是能力的锻炼。所以，在回答这个问题的时候，首先一定要表明自己工作的目的不仅仅是为了薪水，所以，薪水问题不会成为影响你决策的重要内容。其次，薪水与工作能力挂钩：如果自己的能力不够，要求高工资也是不合理的；如果自己有足够的能力，相信公司也会给自己一个合理的工资。

问题三：你在公司里工作，如果同办公室里的一个人，能力没有你强，但工资却高于你，你会不会有想法，心理能平衡吗？

工资是一个敏感的问题，每一家公司都会按照员工的能力给予相应的工资，已做到相对公平。然而，绝对的公平是不存在的，在工资这个问题上总是会有一些人对公司不满意。如果你属于其中的一个，那么你一定不会被公司录取，因为招聘的这家公司不希望自己的员工带着不平衡感上班，那会严重地影响工作效率。所以你不可以这样回答：

1. 我当然不平衡，那我还干有什么意思？

2. 如果他的能力比我强，我不会有想法；如果没有我强，我肯定心理不平衡。

3. 如果公司对待员工是这样地不公平，肯定企业文化有问题，这样的公司只有走人。

其实，几乎每一个人面对这样的问题时都会产生不平衡感，但是问题是你所认为的不公平是否客观存在，或许是你主观上对自己的夸大的认知导致了不平衡感的出现。所以，回答这个问题的时候，一定要巧妙，既不否认，也不承认。比如说，你可以说，我不喜欢与别人比较，也不喜欢进行横向的比较。我喜欢把自己与自己竖着比：只要自己比自己过去升值了，就有成就感；只要认为公司给我的报酬与我的能力匹配，就没有什么不平衡的。

7. 面试中你能做到随机应变吗

随机应变是每一个求职者都应该具备的能力，因为面试不是一成不变的，无论你准备得多么充分，都有可能会遇到突发的情况。再说面试官总是会别出心裁地打乱你的部署，搅乱你的心神。如果你不具备随机应变的能力，那么你注定会被淘汰。

没有经验的求职者往往会非常紧张，在意自己的一举一动，生怕自己哪里做得不好会影响到面试的结果。紧张的情绪造成他们总是会不断地发现自己的"不足"，而"不足"则会使他们惊得一身冷汗，从而不能正常地应对面试官的问题，表现非常糟糕。

张薇去一家公司面试，在面试之前她做了最充分的准备。然而，到了面试公司之后，她才发现自己穿的裙子似乎不适合面试时穿，这让她又紧张又着急。就这样，她带着忐忑不安的心情进入了办公室。

面试官看到张薇很紧张，于是就微笑着示意她坐下。张薇一坐下，就迫不及待地向面试官解释自己的穿着问题，搞得面试官一头雾水。其实，面试官根本就没有发现她的着装有什么问题，但是她既然解释了，面试官自然也不能无动于衷，于是面试官就向她表示着装没有问题。但是面试官越是这样，张薇的心里越是没底。在接下来的面试中，张薇由于心里老是想着这个问题而不能好好地回答面试官的问题。有时候，面试官问了下一个问题了，张薇突然会就上一个问题的答案进行补充。整个面试可谓糟糕至极，面试官只能无奈地表示遗憾。

其实，面试远没有一些没有经验的求职者想象得那么恐怖，面试官也不会要求求职者十全十美；只要你的表现是优秀的，其他的小小的缺点根本就不会对面试造成任何影响。所以，求职者没有必要过分地对自己"挑刺"，那只会增加自己的紧张情绪，影响面试中的发挥。退一万步说，即使你真的在某一方面准备不足，也无需紧张，毕竟紧张解决不了问题。当你发现你有不足的时候，首先要想的是如何解决问题，而不是"不足"会给自己带来什么样的影响。

对于没有经验的求职者来说，准备不充足是很正常的，有的时候准备了这个，忘了那个。在这种情况下，你要学会随机应变，而不应该纠缠于"不足"之上。比如说，你去面试的时候，忘了带毕业证，而面试官在面试的过程中提出要看你的毕业证，你应该怎么做？难道就因为这个而耿耿于怀、丧失接下来的面试机会吗？其实像毕业证之类的东西虽然重要，但是面试官往往不会太在意：即使你忘记带了，也没有关系，你只需把实情说出来，然后进行接下来的面试就可以了。只要你能在接下来的面试中发挥出色，毕业证的问题根本就不是问题。

除了自己的失误会带来意外情况以外，面试中还会出现一些人为的"意外情况"。事实上，随机应变也是面试官考察求职者的一项重要的内容，毕竟在将来的工作中会面对各种各样的突发事件，如果缺乏随机应变的能力，那么如何能够做好工作？所以，在面试的过程中，面试官往往会故意制造某种场景或者是提出某些尖锐的问题，看你如何应对。比如，有些面试官可能会故意打断你的回答，或者是装做出去接电话，把你晾到一边，或是直接贬低你，表现得非常傲慢。如果你不具备随机应变的能力，这些"意外情况"绝对会使你不知所措；如果你具备随机应变的能力，你自然能够轻松地化解意外情况，将面试推进下去。

秦伟去参加面试时，面试官和他讨论了一个非常专业性的问题，秦伟对这个问题发表了自己的看法，但是没等他说完，面试官就粗鲁地打断了他的话说："我认为你的想法完全是错误的，我看你对这个根本就是一窍不通。"这一句话让秦伟非常生气，他甚至有一股想要跟面试官大吵一架的冲突，但是他勉强压抑住了自己的情绪，然后面带微笑地说："也许您的观点才是正确的，毕竟每个人的看法都是不同的，您完全可以不认同我的观点，但是我保留自己的观点，将来我会对这个问题深入研究的。"

面试官制造"意外情况"就是为了考察你的随机应变的能力。像秦伟所遇到的情况，眼看面试谈话将要陷入僵局，但是秦伟的一段话，四两拨千斤，轻易地将这个话题结束，"意外情况"也就随之消散了。如果他纠缠于这个问题，和面试官进行辩论，那么这场面试可就成了"辩论会"了。要做到随机应变，求职者应该坚持以下几点：

1. 以平淡之心看待面试的结果，这样能让你轻松上阵。

2. 没有人能做到十全十美，失误是在所难免的。当出现失误的时候，不要耿耿于怀，而应该集中精力应对下面的问题。

3. 尽量掌控面试节奏的主动权，不要被面试官牵着鼻子走。要尽量将面试官的注意力转移到你擅长的话题和问题上来。

4. 别在一个问题上纠缠太久。对不熟悉的问题，可以简洁明了地巧妙带过，切不可唠唠叨叨说一大堆废话。

5. 争取在最短的时间内与面试官达成最多共识。当面试官问你是否有问题问他们时，尽可能提一些他们比较关注和在意的问题，并表明自己的观点和他们的相似或一致。

6. 学会自嘲。当自己对某个问题确实很陌生时，不妨提前自嘲一番，还可给面试官留下"有自知之明"的印象。

7. 放慢语速给自己留点时间。

8. 求职者可反问面试官的几个漂亮问题

通常在面试结束的时候，面试官都会留给求职者一个提问的机会："你还有什么问题要问的吗？"这个时候，很多求职者要么就直接说"没有"，要么就问几个没有水准的问题，结果使自己本来已经要到手的工作又丢了。其实，面试官最后的"你还有什么问题要问的吗？"也是面试的一部分内容，求职者的反应也会作为面试官评价求职者的依据。

一般来说，不提问是不好的。面试官既然这样说了，自然是希望求职者能够提出几个问题来。如果你不提，只能说明你缺乏思考的能力，对这份工作没有认真地思考过。提出的问题太没有水准就更不好了，比如说，你提休假、薪水等问题，这只能说明你对工作本身并不感兴趣，这会成为面试的"致命伤"。

那些不爱提问的求职者要么就是不知道提什么问题，要么就是怕自己的提问会让面试官不高兴。事实上，如果你能够提出一些漂亮的问题，被录取的几率将会大大增加。那么，哪些问题可以在面试中向面试官询问呢？

1. 贵公司对这项职务的工作内容和期望目标是什么？有没有什么部分是我可以努力的地方？

这个问题可以向面试官传达这样的信息：我对这份工作非常感兴

趣,渴望了解工作内容并希望能够做出成绩。作为求职者,本就应该针对工作本身进行发问,因为你将来是要在这个工作岗位上工作的,如果你连工作内容都不了解,如何能证明你能够做好这份工作;如果你对工作本身一点儿兴趣都没有,连问都不问,谁能保证你会在工作中认真工作?

这个问题的后半部分更加重要。经过前面的面试,面试官对你已经有了深入的了解,这个时候,你向他询问自己还需要在哪一方面进行努力和改进,那么他会非常乐意告诉你,因为他也希望你能够在工作中做出出色的成绩。这个问题会大大改善他对你的印象。

2. 贵公司能超越同业的最大优势是什么?

向面试官提出这个问题,可以很好地证明你非常关心并认可这家公司,并渴望深入地了解这家公司。这会让面试官觉得你对这份工作充满了激情和热爱。

3. 在项目的执行分工上,是否有资深的人员能够带领新进者,并让新进者有发挥的机会?

这个问题已经涉及到了工作的方式上了,在面试的时候能够想到工作上的事情,说明你非常希望能够做好这份工作。相信面试官也会非常乐意解答你的这个问题。

4. 贵公司是否有正式或非正式的教育训练?

5. 贵公司是否鼓励在职进修?对于在职进修的补助办法如何?

这个问题说明你是一个具有进取心和上进心、并且乐于学习的人。社会发展的速度越来越快,如果不学习很快就会被甩在后面,所以,现在大多数的企业对于乐于学习的人和善于学习的人都非常重视。你提出这个问题会给你的面试增分不少。

6. 贵公司的升迁管道如何?

7. 贵公司的多角化经营,而且在海内外都设有分公司,将来是否有外派、轮调的机会？

8. 贵公司在人事上的规定和作法如何？

无论是谁，进入一家公司都会对将来的事情进行考虑，发展空间是每一个求职者都非常重视的问题。而每一家公司都会给予员工一定的上升空间。问这3个问题说明你对自己的职场生涯有一个明确的规划，是一个充满上进心并敢于挑战的人。

9. 能否为我介绍一下工作环境，或者是否有机会能参观一下贵公司？

10. 贵公司强调的团队合作中，其他成员的素质和特性如何？

工作环境的好坏对于员工的工作效率来说有着很大的影响，这个环境既包括人文环境，也包括地理环境和办公环境。如果你能在面试的时候向面试官提出这两个问题，说明你是一个考虑周到、且对工作要求较高的人。

以上的问题都有一个共同的特点，那就是完全以招聘公司和工作为依托进行发问，所有的问题归根到底都可以从各个方面来说明你本人对工作的热情和对这家公司的认可。面试官对这样的求职者自然是欢迎之至。总之，向面试官提出的问题一定不能只是一味地关注自身的利益，那将会让面试官对你的印象大打折扣。

9. 绕开陷阱，从压力面试中胜出

压力面试是指面试官有意地制造紧张的气氛，以穷追不舍的追问方式来紧逼求职者，直到求职者无言以对。面试官认为只有通过这种办法才能真正地看出求职者的素质。作为求职者，如果想要求得面试的成功，就必须积极地应对面试官的这种提问，直到面试官无话可问。

压力面试中的问题通常是布满陷阱的，在压力之下，求职者很容易掉进面试官布置的陷阱，给出错误的答案，导致面试的失败。所以，求职者在压力面试中回答面试官的问题时，一定要保持冷静，以确保思维顺畅，这样才能冷静分析面试官的问题，绕开面试官布置的陷阱，取得压力面试的胜利。下面有一些实际的例证来说明问题。

问题一：这是一份充满创意的工作，需要逆向思维能力。请问从小到大，你做过的最捣蛋、最让父母头痛的事是什么？

这个问题非常刁钻，无论你说你曾经做过捣乱的事情，还是没有做过，都有可能会掉入陷阱。假如你说你从没做过捣蛋的事情，那么你绝对不符合公司对创新精神的要求；假如你说你经常做一些捣乱的事情，比如摔东西、打同学等等，这些也难以体现出你的创新意识，只能说明你是一个不安分的人。

所以，回答这个问题的时候，一定要紧扣"创新精神"，既然是与创新精神有关，那你就必须说你做过捣乱的事情，因为乖孩子通常是没有创新精神的。同时，在举例的时候，你必须要注意你的事例必须能够说明你的创新精神。虽然是捣蛋的事情，但是必须与创新精神有关。比如你可以这样回答：

"我经常和朋友堆一整天积木也不累。上学时，我也曾参加过火箭社、演讲社，但不曾做过什么破坏性的事，也不认为做坏事才能体现创意。"

或者是："我经常把家里的瓶瓶罐罐拿来实验，这让我的父母非常头疼，但是好在我的发明曾经拿过几次区里的奖，才没有被父母惩罚。"

这样的答案就非常好了，因为你的确曾经做过让父母头疼的事情，但是这些头疼的事情并非是纯粹的捣乱，而是非常具有创新性的。这样的答案一定会符合考官的心意。

问题二：我觉得你太乖、太听话了，恐怕不适合这个职位。要知道，我们经常会遇到一些很难缠的客户。

面试官用这样一个问题直接否决了你的能力，在这个时候，如果你点头承认自己的确存在这个问题，那么你就真的没有希望了。但是如果你直接反驳对方的观点，而不能与工作联系起来，自圆其说，那么你就会被视为强辩，同样也会失去工作机会。

面试官问这个问题，其实是在刁难你。所以，在这个时候你必须要表现出自己的涵养和信心：既不与他进行争辩，又能够证明自己完全可以胜任这份工作。你可以这样回答："我显得内向是因为我善于倾听，愿意把发言机会多留给别人，但并不表示我不善言词，需要时我也能侃侃而谈。"这样的一个答案能让面试官觉得你潜力无穷。

问题三：你的学历很高，为什么愿意屈就这个工作呢？

千万不要以为面试官是在夸赞你，或者是觉得自己"庙小容不下大和尚"，其实他只不过是在考验你的忠诚度。回答这个问题时，既要表现出自己的自信，又要强调自己对这份工作的认可。

一些求职者在这个时候往往会有超然的优越感，认为自己的确很厉害，然后这样回答："目前我没有更好的工作机会，而贵公司在业界声誉不错，学习机会也多。"这明显是把这家公司当成了临时栖息地和跳板，面试官自然不会要你。还有一些求职者会谦卑地说："学历不能说明能力，我还担心不能胜任这份工作呢！"这就是明显的贬低自己，体现出来就是求职者的不自信。

最好的回答是这样的：我很喜欢这份工作，不在乎是否屈就。这样的回答不仅体现出了你对自身能力的强大自信，而且向面试官表明自己非常喜欢这份工作，并不存在屈就的问题，也就是说你会长期地在这家公司做下去。

问题四：你今天为什么不穿西装？

面试官询问这个问题并非是真的关心你是否穿西装这个问题，而是考察你是否具有适应性。每家公司都有自己的一套规则，如果你缺乏适应性，那么很难融入到工作中去。现在的年轻人都是个性十足的，面试官当然担心会招进来一个个性十足的人。

回答这个问题的时候，最好是软硬适中，将自己的可塑性表现出来。既不要说不能接受穿西装，也不要表现得完全顺从。你可以这样回答："我从未穿过西装，但如果这个工作需要穿，我会考虑置办一套。"

问题五：你对最近流行的事物好像知道得不多？

现代公司需要的是能够跟上时代步伐的人，所以，面试官问这个问题只是想知道你是否关心正在发生的事情，是否是一个能随着社会脉动前进的人。所以，回答这个问题时一定要表明自己兴趣广泛，很多事情都非常关心。最好的回答是这样的："音乐、影视、文艺、政治、军事、社会动态，乃至消费新知我都很关注，不知道您想问的是哪一方面的？"这样一个回答直接把球踢给了面试官：如果面试官有兴致追问下去的话，自然会进行细致的提问；如果没有的话，他自然会见好就收。

第九章

Chapter9

外企面试没有你想象的那么可怕

对于许多求职者来说，外企是梦寐以求的理想工作场所，也是实现自己职业理想的最好的平台。然而，外企却并不是那么容易进去的，想要进入外企，我们首先要让自己具备进入外企工作的能力。除此之外，外企招聘与国企和私企还有所不同，我们必须有所了解，才能够有的放矢，顺利实现进入外企工作的目标。

1. 你具备进入外企的素质吗

高薪酬、高福利一直是外企最诱惑人的地方，能够进入外企就等于是捧上了一个"金饭碗"。不仅如此，外企还能够给员工提供一个相对公平的竞争环境、良好的工作氛围和完善的人才培养机制。这种种好处让很多人前赴后继地前去外企面试，希望能够加入外企。然而，最终能够成功地进入外企的人却少之又少，最根本的原因就在于求职者本身并不具备进入外企的素质。

外企的招聘与国企以及民企不一样，他们有自己独特的要求。如果你把国企和民企对求职者的要求生搬硬套到外企中去，那么你注定是要失败的。大型的国企和民企通常对于求职者的学历和成绩看得非常重，只要你具有高学历和好的成绩，进入大型的国企和民企就相对很简单。但是外企不一样，虽然他们同样偏爱那些拥有高学历和好成绩的求职者，但是他们并不把这个看成是最重要的素质。在他们的眼中，有比这更重要的东西。

曾经有一名外企的 HR 这样说，他们在看简历的时候，通常不关心求职者取得了什么样的学历和成绩，而是首先从求职者的求职信和简历的字里行间和设计风格判断这个人究竟是怎样一个人。如果这个人不符合自己的要求，就会被直接剔除，也就是说高学历和好成绩并没有在外企求职中起到作用。

　　文化认同是外企对员工非常重要的要求。飞利浦（中国）集团人力资源总监吴懿沁告诉记者，飞利浦希望招聘到的新人，首先必须要认同公司的核心价值观，认同客户至上、言出必行、人尽其才、团结协作的理念。所以，去外企求职的时候，千万不能照办国企和民企面试的一套。那么，除了学历、成绩以及流利的英语等传统的要求以外，外企究竟看中拥有什么素质的人呢？

　　第一，成就欲。一个没有"成就欲"的人是不可能做出好的成绩和突出贡献的，因为他根本不追求卓越。"成就欲"表现为一个人拥有强烈的想要超过他人的愿望，有不断超越自我的需求，有长期的事业计划，有远大的职业理想和职业目标。

　　第二，亲和力。外企非常注重团队协作，小团体主义是外企所不能容忍的。所以，亲和力非常重要，拥有亲和力的人才能够和公司的其他成员搞好关系，才能够通力合作。

　　第三，影响力。所谓的影响力就是一个人能对他人造成的影响，当然这些影响必须是正面的，这包括说服别人，帮助别人，控制他人。

　　以上3种素质是做好工作的保障，外企的HR们会从各个方面来考察求职者这方面的能力。所以，如果你想要进入外企，就必须具备这三方面的素质。除了这些素质以外，外企在求职者的能力方面，也有与众不同的需求。

　　1. 思维能力。思考是工作的前提，无论做什么样的工作，都不能缺乏思维能力，否则你的工作将会非常盲目，变成一个按部就班参加工作的机器。尤其是在遇到突发事件的时候，如果你不具备思维能力，那会把事情搞得一团糟。所以，外企的面试官会考察一个人是否具有长远地思考问题的能力，对于得失利弊的判断能力，综合运用能力，思考问题是否有很好的现实性等。

　　2. 工作效率。他们要求每一个人都能够高效地工作，只有这样才能为公司带来效益。这也是它能够给员工提供那么高的薪酬和福利的原因。所以，外企的面试官会通过考察求职人员的工作技能、独立完成工作的能力以及是否对应聘的职位具有明确的导向以及监控导向能力等，来考核其工作效率。

3. 团队协作能力。为了追求高效的工作，必须进行团队协作，所以团队协作能力也是外企非常重视的能力。团队协作能力包括以下几方面的内容：良好的沟通能力、社交谈判能力等。

4. 抗压能力。外企的工作压力往往是非常大的，加班、熬通宵都是家常便饭。如果你想进入外企，你就必须能够顶得住压力。

外企的相对公平的竞争环境就是个人实力的真实比拼，如果你还不具备以上的素质，最好不要去外企面试。即使你能够侥幸地蒙混过关，那么在将来的工作中，也会被无情地淘汰下来。

2. 外企面试法宝：了解外国文化很重要

文化对于个人的影响是非常大的，它作用在人的身上，表现出来的就是做人、做事的态度、准则以及方法的不同。要想进入外企工作，首先就要对其文化有认同感，只有这样，你才能适应外企中的一些规则、工作环境和工作方法。

外国的文化与中国有很大的不同，因而外国人的习惯也与中国人有很大的差异。但是既然你打算进入外企工作，就必须学会接受外国的文化，改变自己的习惯。所以，去外企面试的时候，一定要先了解外国的文化；如果你在面试的时候，对外国的文化表现得一无所知，那将会大大降低你的成功率。

当然，不同国家的文化也是不同的，进入哪个国家的企业，就必须了解哪个国家的文化。以下列举了一些外企面试的文化性，希望能助你一臂之力。

去美国企业求职——强化竞争意识

美国是发达国家，这是毋庸置疑的，与之相对应的就是其国民强大的消费能力。美国人爱看广告，他们需要从广告中获取购物信息，广告上的信息也成为了美国人与他人进行攀比竞争的标准。美国人做事很执著，从不会轻易放弃。

美国人的竞争意识很强，在他们看来，每一个人的起跑线都是一样的，竞争也是平等的。我们都知道美国是一个移民国家，他们的祖先来自世界各地，因此，美国人对于家乡的理解要比我们对故乡的概念更为深远。美国人在遇到新朋友的时候，最喜欢问的就是家乡，在他们看来，所有的美国人都是来自异乡，所以具备相同的竞争底线。

美国人和中国人不一样，他们不喜欢谈家世，也不会因为自己的家世好而骄傲，更不会因为自己的家世差而自卑。他们不喜欢依靠祖辈传下来的家业生活，也不喜欢依靠家世来与他人竞争，那样即使是胜利了，也是不光彩的。所以，美国人从小就很独立，他们愿意依靠自己的双手取得自己想要的一切。当然，美国人的攀比心理很重，他们希望比别人要好，这种攀比心理正是竞争的动力。在美国的企业中，公司会给每一个员工提供一个公平的竞争舞台，只要你有竞争意识，且具有竞争实力，那么你一定会在美国企业中获得你想要的一切。

去日本企业求职——培养主动意识

日本的国土和周围的环境使得日本人的心理有很强的危机意识，所以，他们总是很有进取心，主动去做一些事情以改变危机四伏的环境。这种文化意识深深地植根于日本这个民族之中，如果你想要去日企工作，那么你必须培养主动意识。

一位日本老板说："中国员工虽然很聪明，但是缺乏主动性，总是被动地等着你去安排工作。这也许是中国人的习惯，日本人则不同。你是公司的一员，你有权利说话，有权利发表你的意见。我开会时先提出问题，然后谈我个人的看法，问有没有意见。大家都不说话，我就指名道姓叫他们说。有趣的是他们指着自己的鼻子反问我：'是叫我吗？我没有意见。'我认为这并不是好事情。每一个人都有思想，怎么会没有意见呢？这说明他们对这件事根本不关心。要把公司当作自己的公司，这才是一个优秀的员工素质。"

日企的老板不需要你的唯命是从，他需要的是你的主动意识。如果你有好的建议和想法，无需转弯抹角，只要站出来向老板说，你就能够获得他的赞赏。在日企里工作，你无需小心翼翼、战战兢兢、谨守本分，开拓进取才是在日企里脱颖而出的好办法。

去德国企业求职——树立商业意识

德国是一个纪律性强的民族，德国人也都很实际，自己付出了多少劳动，就应该获得多少报酬，这些条件都是在工作之前要谈妥的，同意则干，不同意则罢。当然，这一切是建立在你能够服从公司的纪律的前提之下的。所以，如果在面试时遇到加班问题，你可以直言不讳地向老板表明自己的态度，要求其支付加班工资，这不仅不会让面试官感到反感，反而会因为你的这种商业意识而欣赏你。

总之，去德国企业去面试的时候，你一定要表现出一个商人所应该具备的做事风格，这样你成功的几率会大大增加。

了解了外国的文化，才能对症下药，表现出最能吸引外企 HR 的一面，增加外企面试成功的可能性。

3. 你知道宝洁的经典"8道题"吗

宝洁公司在面试的时候有8道经典永恒的题目，一直以来都没有变过，这8道题就在宝洁公司的网站上，任何面试者都可以提前观看。宝洁公司之所以这样进行面试，是因为这8道题是经由高级人力资源专家设计的；无论你如实或编造回答，都能反应你某一方面的能力。

这8道题如下：

第一，请你举一个具体的例子，说明你是如何设定一个目标然后达到它。

第二，请举例说明你在一项团队活动中如何采取主动性，并且起到领导者的作用，最终获得你所希望的结果。

第三，请你描述一种情形，在这种情形中你必须去寻找相关的信息，发现关键的问题并且自己决定依照一些步骤来获得期望的结果。

第四，请你举一个例子说明你是怎样通过事实来履行你对他人的承诺的。

第五，请你举一个例子，说明在完成一项重要任务时，你是怎样和他人进行有效合作的。

第六，请你举一个例子，说明你的一个有创意的建议曾经对一项计划的成功起到了重要的作用。

第七，请你举一个具体的例子，说明你是怎样对你所处的环境进行一个评估，并且能将注意力集中于最重要的事情上以便获得你所期望的结果的。

第八，请你举一个具体的例子，说明你是怎样学习一门技术并且怎

样将它用于实际工作中的。

这8个问题能够全面地反映出求职者的说服力、毅力、组织能力、计划能力和群体合作能力等。面试官也是从这些方面对求职者进行评估。面试官会根据求职者对这8个问题的回答，当场给求职者进行打分：打分分为3等：1—2（能力不足，不符合职位要求；缺乏技巧、能力及知识），3—5（普通至超乎一般水准；符合职位要求；技巧、能力及知识水平良好），6—8（杰出应聘者，超乎职位要求；技巧、能力及知识水平出众）。

在面试官所拿的"面试评估表"的最后一页有一项"是否推荐栏"，有3个结论供面试官选择：拒绝、待选、接纳。按照宝洁公司的招聘体制，聘用一个人，需要所有的面试官一致通过方可，也就是说，所有对你进行面试的面试官中如果有一个选择了"拒绝"，那么你就将从面试程序中被淘汰。

宝洁公司的面试有一个最大的特点：哪个部门需要招聘的时候，由哪个部门的主管亲自去招聘，人力资源部门只是起到配合的作用，也就是说，求职者要打动的不仅是人力资源部的人，更重要的是要能够打动你所要申请职位的部门主管。事实上，宝洁公司的面试过程非常简单，通常有以下4个步骤：

1. 相互介绍，创造良好的交流氛围。

2. 提问环节，也就是上面的8个问题。应对这8个问题的时候最好进行精确的准备，不要胡编乱造，因为面试官会非常详细地询问，你所编造出来的东西是难以过关的。

3. 求职者提问时间。面试即将结束的时候，求职者可以就自己关心的问题向面试官进行提问。

4. 面试评价。面试结束后，面试官立即整理记录，根据求职者回答问题的情况及总体印象作评定。

宝洁公司的面试流程并不复杂，核心就在那8个问题上。只要你能够给出令面试官满意的答案，那么你就能顺利地进入宝洁公司。

4. 世界名企青睐什么样的人才

每一个企业都有自己不同的用人理念，以及不同的选拔人才的标准。只有掌握了这些内容，才能有针对性地向这个企业发起进攻，增加成功的概率。世界知名的外企是许多求职者梦寐以求的理想工作场所，那么，这些企业又有着怎样的用人理念呢？

1. 微软：冒险精神很可贵

微软公司对员工的创新精神和冒险精神要求非常高，他们宁愿冒着失败的危险去任用一个曾经因冒险而失败的人，也不愿录取一个处处谨慎却毫无建树的人。另外，善于与人合作也是应聘微软的条件。

2. 世界银行：阅历很重要

世界银行规定前来求职的人必须至少要跳槽过3次。对于经常需要考察、验资的银行人员来说，知己知彼非常重要。所以，在3个以上不同行业工作过是世界银行招聘的基本条件。

3. 百事可乐：潜能、品质更重要

百事在招聘的时候强调：一个优秀的百事员工应具有在既有能力基础上培养发展的可塑性（潜能）。它所关注的不仅仅是求职者现在的能力，而更加注重求职者将来所能具备的能力。所以，与学历相比，百事公司更加注重员工的潜能与品质，团队协作和发展。招聘员工时，特别注重3大方面——专业能力、管理能力（潜能）和个人品质。

想要进入百事公司不太容易，可以用过五关、斩六将来形容，因为进入百事一般要经过经过 3 次至 4 次面试。在面试之前，它会根据职位对求职者能力的要求设定统一的标准，然后在面试过程中用这个标准进行全面的考察。

4. 英特尔：得 3 分的人也许更可取

英特尔集团是一个不断推陈出新、升级换代的品牌，所以它对员工的要求自然是创新精神高于一切了。因此，英特尔公司每年在高校招聘的时候，都愿意招那些各科都只得 3 分却富有创新意识的学生，最好是在校期间就完成过颇有创意的项目。

5. 西门子：考知识只 5 分钟

在西门子的招聘中，考核求职者的能力占 40 分钟的时间，考察经验用 30 分钟的时间，而考察知识仅用 5 分钟的时间，因为西门子认为知识量并不是最重要的，能力才是最重要的。一个人的知识量两三年的时间就可以改变，经验也会随之改变。

6. 索尼：成绩只是参考

不注重成绩似乎是外企的一大特点，索尼公司在招聘的时候，只是把成绩看成是一种参考。它在招聘的过程中了解的是求职者是否具有成为索尼公司员工的素质。在索尼公司看来，新员工进入公司什么都不懂，只要愿意认真学就可以了。他们在选择员工时会更注重五大标准：

第一点是好奇心，对新生事物是否有很强的猎奇能力和创造欲望。

第二点是恒心，既然有了好奇心了，就应该尝试去做，不能半途而废。

第三点是灵活性，因为一个产品包括很多个环节，有多项功能，因此必须要有灵活性，能和大家配合，这一点很重要。

第四点要求员工有很好的心理素质，能接受失败，承受打击。

第五点就是乐观，为某个环节的失败放弃全部是最大的失败，员工要接受经验教训，把下一件事情做好。

7. 丰田："打杂"中提高

出于业务的需要，丰田注重基本综合素质。公司从事的很多工作都是指导性的工作，如培训、管理等等，跟经销店、用户的沟通非常重要。所以，语言交流能力是丰田公司在招聘时最重要的一项能力，另外，求职者的礼仪也是丰田公司非常关注的，如果你在礼仪方面表现得差强人意的话，一定会被丰田公司拒之门外。

8. 欧莱雅：集诗人和农民于一身

欧莱雅的总裁欧文中先生有一句名言，"集诗人和农民于一体"，这是对欧莱雅公司招聘人才的最佳描述。对于求职者，欧莱雅希望他们像诗人一样富有激情和创造力，又要像农民一样勤恳、脚踏实地。所以，欧莱雅公司招聘时，更倾向于有主动性、创造力的同时又能接受规则的年轻人，而不倾向于自视过高而不喜欢做一些具体工作的人。

9. 佳能：拿得起，放得下

佳能的人才标准首先就是能够在工作上拿得起、放得下。比如公司给你一个工作，你要能在工作时间里完成你的工作职责，当然是出色完成更好，能够完成基本要求或者达到满意的要求，那就是人才。因为一个组织是由不同的岗位和不同的人来组成的，不能说总经理才是人才，一般的职员不是人才。

在佳能看来，你的学历并不是问题，因为公司里有很多不同的岗位，每个岗位需要不同的员工去做。只要你的专业知识达到了一定程度，经过面试合适的话，你就会被录用。而且佳能在招聘的时候不限定专业，只要你自认为自己有这方面的能力，你就可以去应聘。

10. 安利：选才重在诚信

安利对人才的要求很严格，但也很普通，它制定了 5 大要求，这 5 大要求是我们常常挂在嘴边而又不是每一个人都可以做到的。

优良的品格：营销人员无论在何时都应将"言必信、行必正"作为基本信条，一旦发现有假学历、假文凭者，即使已经是经理级的人物，为公司做出过巨大贡献，也照样以开除论处。

良好的沟通能力：由于安利是以"店铺销售加雇佣推销员"方式经营，所以营销人员必须面对面地与顾客交流、解释产品用途，通过与顾客需求的互相了解实现互惠互利。

合作的团队精神：安利鼓励员工尽心尽力地为团体合作的长远利益而努力，从而增进相互之间的信任。

优秀的专业水准：除了具备良好的专业知识和沟通合作能力，还要懂法律知识。

良好的服务意识：安利要求销售人员不仅要让顾客感到亲切，更要将健康和美的理念传递给顾客，提供全方位的服务。

5. 如何有效地通过外企的外语口试

外语能力是进入外企工作的首要条件，毕竟在外企中，你要面对很多外国人。然而，中国式的外语教学让很多大学生具备良好的英语读写能力，却不具备优秀的口语能力。不用说那些非英语专业的学生，即使是英语专业的学生，他们的口语往往也是一塌糊涂，要么不懂得如何进行口语交流，要么操着一口别人听不懂的汉语式英语。

通常情况下，外企的面试最终都会以英语进行，一到这个时候，很多曾经在前面的面试中表现得很优秀的人一下子就被淘汰下来，这的确让人感觉很冤枉。然而，英语口语非一朝一夕可以练出来的，已经形成习惯的口音很难在短时间内改正过来。但是在临近面试的这种紧要关头，还是要掌握一些技巧，进行一下突击训练，为面试官可能会问到的问题做好充分准备，以解燃眉之急。

虽然各个企业英语面试的形式各有不同，但是基本的流程不会发生太大的变化，只要你能把握住这个，就可以在面试之前进行准备。俗话说："临阵磨枪，不快也光。"事先准备总是比什么都不做要好得多。

一般来说，外企的面试都不会只有一次，3轮面试是一种常态。这3轮的面试呈现出一种纵深方向的发展，也就是说，面试官在面试中所问的问题一次会比一次更加深入，目的就是为了更加深入地了解你。那么你就可以据此进行不同的准备了。

第一轮面试

通常情况下，第一轮面试都是比较简单的，面试官会根据你的简历进行提问，询问一些有关个人的问题。比如，他会请你用英语进行自我介绍。这个时候对你的英语水平要求并不高，只要你懂得一些简单的日常会话即可。当然，有的公司可能会进行一部分英语的笔试，比如，中英互译之类的，这对于习惯于做题的中国学生来说应该不是问题。所以，在参加第一轮面试之前，你一定要对自己的口音进行调整，不要让你的英语"汉化"得太明显。

第二轮面试

这一轮面试就将由个人情况介绍转向专业领域，面试官会就你所应聘的职位向你询问一些专业知识。这个时候对于你的英语能力的考验就比较深了，你需要准备相应的专业词汇。在大学里学到的大学英语通常都不具备专业性，很多专业性的词汇听都没听说过。所以，在应对这次面试之前，你的准备一定要侧重于专业化，起码要将与自己专业相关的英语词汇牢牢地掌握住。

最后一轮面试

这一轮的面试将会是对求职者英语口语的最大极限的挑战，因为这一轮面试你可能会面对总裁级别的人物。这个时候，你的面试官是一个外国人，整个的面试过程都将以英语进行，而你又无法探知总裁将会与你交流哪一方面的问题。这个时候对你的英语口语的要求就不仅仅局限于正确和流畅上，还要有一定的深度和逻辑性。

一般来说，前面两轮的面试已经对你进行了相对深入的考察，第三轮的面试不会再进行重复，总裁询问的问题一般会和公司的精神、企业文化有关。所以，你在进行第三轮面试之前，最好在了解企业精神文化的基础上事先准备一份英文底稿并熟记，这样谈时就能比较自然、流畅。

有针对性的准备可以让你有备无患，但是无论你准备得怎样周密，也难免会出现意外情况。当意外情况出现的时候，你又该怎样处理呢？因此，除了进行有针对性的准备以外，还要注意以下几方面的问题：

1. 注意听力的训练

听力非常重要，这是你与面试官进行交流的基础。如果你在面试的时候听不懂面试官的提问而不断地"pardon"的话，肯定会给面试官留下不好的印象。在面试的过程中，说话一定要流利，思维要连贯，句与句之间层次要清晰，切记不要在英文中夹杂中文。如果你一时间想不起来如何用英语来表达，可以用"well"、"however"这样的过渡词来给自己停顿和思考的时间。

2. 口语化

一些求职者认为，在面试中多用一些复杂的句式、生僻的单词可以向面试官证明自己的英语能力。其实，这犯了一个本末倒置的错误：与面试官进行交流的目的就是为了展现自我，如果你总是用一些复杂的句式、生僻的单词，让面试官难以理解你的话，那么你的面试肯定是会失败的。再者说，你的英语水平真的达到那个地步了吗？说不定你那复杂的句式错误百出，让面试官难以理解不说，还暴露了自己的不足。

3. 要标准，不要太在意语法错误

在面试的过程，英语的发音清晰与否才是最重要的，因为如果你的英语不清晰会影响到交际，而出于中国式教学的习惯，一些求职者总是非常在意语法，其实有一些语法错误并不会影响到交际的进行，面试官也不会因此而拒绝你。

4. 语速适中

口语的好坏与语速并没有直接的联系，你没有必要为了展现自己的口语能力，而特意加快自己的语速，毕竟面试官也需要"消化"你的语言。你那不标准的中式英文再加上赶飞机式的语速，只怕会让面试官难以理解。

6. 外企招聘程序揭秘

《孙子兵法》说："知彼知己，百战不殆。"如今的就业市场，求职者始终处在弱势地位，就业已经是一件相当不容易的事情，去外企求职更是难上加难。为了提高去外企求职的成功率，少走冤枉路，少碰钉子，求职者有必要了解外企招聘的程序。

任何一家企业的招聘都不是心血来潮的，而是根据公司发展的需要进行的。它们必然要制定一套严格的程序，这样才能保证其招聘的人数和质量完全符合公司的需求。外企的招聘通常由以下 9 个步骤组成，企业根据具体的情况有所变化。

1. 对公司的人力资源状况进行评估，并做出合理的人力资源规划。招聘不是随意进行的，为了既保证公司的发展需求、又不增加公司的人

力资源成本，外企的人力资源部门通常都会制定一个年度（或周期更长的）人力资源规划。通过这个规划，外企将其组织发展目标转化为需要通过哪些人来实现这个目标。这样，公司就可以在适当的时候、为适当的职位配备适当数量和类型的人员。为了做好这个规划，人力资源部门会牵头组织各个生产、职能部门，对其现有的人力资源情况做一个科学的评价。这样人力资源部门就能够对目前的人力资源的短缺状况有一个相当精确的了解。

2. 根据评价的结果，可以决定要招聘人员的数量和类型。外企的招聘就是这样由来的。当然人力资源部门并没有太大的权限，中层以下的职位通常由人力资源管理部门和需招聘人员部门的主管商榷后决定；若是要招聘中层以上的职位，则需要人力资源部门报公司高层批准，有些公司还要报请总部或董事会批准。

3. 人力资源部门开始根据招聘职位寻找潜在的职位候选人。外企招聘的方式不一，招聘职位的高低是决定招聘方式的根本原因。比如说，要招聘中层以下的职位，人力资源部门就可以组织到高校中去招聘，或者通过当地的就业服务部门举办招聘会。如果是要招聘中高级的企业管理人员，通常需要猎头公司的服务。

4. 确立一个科学的甄选过程。为了保证得到最适合工作岗位的求职者，人力资源部门需要确立一个科学的人才甄选的过程，这样才可以保证不放过一个人才，也不招进一个庸才。一般情况下，公司会要求每一个求职者都填写一份申请表。这可能只是一份让应聘者填上姓名、地址、联系方式的简表，也可能是一份综合性的个人履历表，要求仔细填写个人的简历、技能和成就。求职者一定要认真地填写申请表，因为在申请表中体现出来的一些硬性的、可以查实的内容往往会决定你有没有资格进入笔试和面试环节。

5. 组织第一次的考核。几乎所有的外企招聘都是从笔试开始的，笔试通常是要考察一个人的能力、智商、专业知识等，这要根据你所申请的职位以及所应聘公司的企业文化来确定。笔试作为一种有效的甄选人才的手段被大多数的外企所采用。在他们看来，一份设计妥当的考卷可以帮助他们减少做出错误决定的可能性。

6. 组织面试。如果你有幸能够进入面试的环节，那么你离工作就已经只有一步之遥了。面试是每一家外企都会进行的选拔人才的过程，其具体内容由人力资源部门来确定。当然，外企的面试是非常严格的，通常他们会设定和安排好面试的环节和内容，你要做的就是好好表现自己。

7. 人力资源部门的人会对求职者的资料进行核实。比如，毕业证、学位证以及求职者的工作经验等。在求职的过程中不乏有人会在这些内容上造假，所以，核实材料是外企经常会做的事情。如果你在这个环节上出了问题，那么你会被毫不留情地除名。

8. 进行体格检查。入职体检是每一个外企都会进行的，这既是为了保障员工本人的利益，也是为了减少员工在受雇前伤病的保险开支。

9. 签订雇佣合同。劳动合同是必要的，在合同里会清楚地写明你与公司的权利与义务，这包括你将在这家公司从事什么样的工作、按照什么样的公司规则来做事，以及你将会获得的劳动报酬和福利。当然，合同一般都是由人力资源管理部门制定的规范合同，你一般没有什么讨价还价的余地。但是你还是要仔细地阅读合同，如果合同中有侵犯你的权益的地方，你要当场提出来。

7. 走出外企求职的误区

很多人都希望自己能够去外企工作，但是由于文化差异，外企和中国本土的企业总是表现出很多不同，在用人上也有很多不同之处，而许多求职者并没有意识到这一点。他们认为，外企既然已经进入了中国市场，那么必然会入乡随俗，按照中国的一套标准选拔人才。因此，在去外企求职的过程中，陷入到求职的误区中，处处碰壁。

作为一个求职者，一个想去外企求职的求职者，在求职之前一定要先了解外企对于求职者究竟有怎样的要求，只有这样才能改变自己，使自己更轻松地去外企工作。那么，求职者去外企应聘有哪些误区需要避免呢？

1. 重学历，轻实践

学历对于中国人来说非常重要，然而，外企对于学历并不像国人那么重视，他们最重视的是能力，包括实践能力和工作能力。再好的学历，如果缺乏实践能力和工作能力，也不可能进入外企工作。

"985工程"大学毕业的刘辉一毕业就到了人才汇集的上海，他觉得凭借着自己这个烫金的文凭想找一份好工作简直是轻而易举，于是他专门向那些待遇好的外企投简历。的确，他的学历让他成功地取得了面试的机会，可是每一次到面试的时候，他总是铩羽而归，原因就在于他缺乏实践能力。

有一次，他应聘一家外企的市场部门的一个职位，在面试的时候，他与面试官就专业问题谈得非常好。然而当面试官问他在大学的时候有没有做过市场推广计划的时候，他一时之间竟没有话答。紧接着，面试官当场给他出了一个题，让他在 30 分钟以内做出一个市场推广的大致的提纲。可是理论知识丰富的刘辉却什么都没做成。结果，他自然是没能获得那个职位。

中国的大学教育重理论、轻实践，很多大学毕业生毕业之后，根本没有任何实践经验，满脑子的理论知识完全不能为公司带来的效益，面试官自然不会给这样的人机会。在外企的眼里，一张名牌大学的毕业证书只能证明你曾经很不错，但是你能否胜任其所要招聘的职位却和你的毕业证书不划等号，他们不可能一方面给你大把的钞票，一方面让你慢慢学习，将理论知识转化为实践能力。所以，想要进入外企，你就不能把学历看得太重，而应该注意提高自己的实践能力。

2. 重"通才"，轻"专才"

"上知天文，下知地理"是博学的体现，也是过去对人才的标准要求。然而在知识划分日益细密、工作日益专业化的当今社会，这种博闻强识的"通才"已经不合时宜了。如果你不是天才，你就不可能成为一个真正的"通才"，你的"通才"是建立在对任何一个行业都是肤浅地了解的基础之上的，这样的通才无法给外企在某一个专业领域做出成绩，带来效益，外企是不可能录用的。那样的"通才"在外企的眼里也不是人才。

夏歌是一个典型的"海归"，在国外待了很多年，刚回国的那一会儿，他踌躇满志，希望能够去著名的外企工作。他非常相信自己在国外十来年的经历会成为自己进入外企的最大资本。然而，令他没想到的是他的"经历"却成了阻碍他进入外企的绊脚石。

夏歌在自己的简历上将自己在国外的经历详细地列举了出来：做过政府秘书、消防员、银行职员、教师等各种职业。他的这种丰富的职业经历让外企的 HR 们也是非常心动，可是面试的时候，HR 发现，他除了有一口流利的英语之外，在他所从事过的各个行业都是略知皮毛，没有任何非常突出的才能，所以只能放弃了他。

"通才"是建立在"专才"的基础上的，你只有在本专业上有非常突出的才能之后，才有资格去广泛涉猎，做一个优势突出的"通才"。外企非常重视这一点，如果你没有任何一个方面是突出的，那么就证明你在任何岗位上都不可能做出很好的成绩，即使你能够胜任很多岗位，外企也不会聘用你，因为他们不需要一个"勤杂工"。

3. 重利益，轻感情

薪酬高、福利好是很多外企的特点，也是很多求职者争相去外企工作的原因。然而如果你给外企的面试官留下这样只重利益的印象，那么你一定不会求职成功。几乎所有的外企老板都非常重视员工对于本公司的感情，在他们看来，一个只重利益而对企业没有感情的人是不可靠的。他们希望你对企业有感情、忠诚，这对于他们节省人力资源成本是有好处的。试想一下，如果你进入企业只是为了报酬，那么在有更高报酬的时候，你一定会毫不犹豫地跳槽，那么外企曾经在你身上花费的一切就都付诸东流了。他们自然是不愿意这样的员工进入公司的。

第十章
Chapter10

给应届毕业生的9条面试忠告

应届毕业生是求职大军中的弱势群体，除了本身固有的工作经验欠缺等客观原因以外，求职市场对于应届毕业生的某些偏见，也是造成应届毕业生求职难的重要原因。所以，作为应届毕业生应该主动去了解如何才能应对应届毕业生求职难，如何才能突破求职的瓶颈，让自己顺利实现就业。

1. 缺乏工作经验，如何打动面试官

无工作经验已经成为应届大学生就业的一大"坎"，在招聘单位的眼中，没有工作经验就意味着缺乏相应的工作能力，就意味着需要花时间来适应职场。所以，招聘单位出于对公司效益的考虑，往往会明确规定不招收应届毕业生，即使是不明确规定，在招聘的时候，也通常不会考虑应届毕业生。对未来职场充满期待、怀揣着梦想的应届大学毕业生，在一走出校门的那一刻就遇到了庞大的就业阻力，现实很快把梦想击碎。

邓鹏大学毕业那一年，在人才市场上几番挣扎也没能找到合适的工作，拒绝他的理由都一样：没有工作经验。心中不忿的邓鹏心想："工作经验还不是在工作中积累出来的，没有任何一家单位给机会，永远也不会有工作经验，现在的招聘单位真是无理到家了。"不满归不满，工作还要继续找。

后来，他通过朋友的关系，得到了一次面试的机会。心情激动的邓鹏发誓一定要抓住这次机会，于是在面试之前就思考自己究竟该说些什么。可是，他想破脑袋也不知道自己怎样才能避免因没有工作经验而被拒绝。没办法，只能走一步、看一步。

面试的当天，面试官直接就问："你带简历了吗？你的简历在我的电脑里，我没来得及看。"当时邓鹏的心就往下沉，人家连看都没看，估计又是没戏了。但是邓鹏没有绝望，他还是将简历交到了面试官的手中。面试官看了之后，说："你把自己的情况大致地介绍一下吧。"邓鹏挖空心思将自己能够想到的优点全部都罗列出来，但是没等他说完，面试官就说："我们就想找一个技术研发人员，你就说说你在大学里做过什么研发项目吧？"邓鹏只能实话实说："我没有做过什么项目，您也知道，大学教的往往都是理论知识。"面试官笑着说："那这样吧，如果我们需要复试的话，再和你联系。"好不容易得到的一次面试机会还是因为欠缺经验而失去了。

没有经验就没有工作，没有工作就没有经验，应届大学毕业生在"经验"与"工作"之间徘徊。作为应届大学毕业生，每一个人都存在着经验欠缺的短板，但是工作还是要找，只有找到了第一份工作，才能取得工作经验，才能让自己在未来的就业中不再因为欠缺工作经验而陷入窘境。应届大学毕业生的第一份工作是突破求职困境的关键环节。

工作经验的短板既然客观存在，那么就无法回避，而以平和的心态面对工作经验的欠缺才是关键。只有能够平和地面对，才不至于陷入焦虑当中，才能够认清自己身上的优点，才能用自身的优点去弥补工作经验的不足，从而成功就业。任何单位招聘所看的都不仅仅是经验一方面，他们之所以那么重视工作经验，是因为几乎每一个求职者的条件都是差不多的，有工作经验的人自然就是有优势的人。如果你能证明自己有突出的优势，那么就可以弥补你工作经验上的不足。

然而，很多应届毕业生却找不出自身的优点，这主要是因为他们从来没有进入过职场，并不知道职场需要什么。长期在校园里待着，让他们意识不到自己的优点；猛然进入求职市场的时候，总是会拿自己的短处和别人的长处相比。其实，在应届大学毕业生的身上同样具有优势。只要你能够把自己身上的优势放大，一定会赢得招聘单位的青睐。那么，应届大学毕业生要从哪几个方面避免自己的短板、放大自己的优势呢？

1. 证明自己的工作能力和职业素养

"无经验"并不等于在工作能力上欠缺。将"无经验"和工作能力欠缺等同只是招聘单位一相情愿的看法。只要你能够扭转面试官的这种看法，那你就有成功的可能。事实上。"工作经验"不仅仅体现在工作能力上，更重要的是体现在一个人对工作的态度和适应工作的能力上。有经验的人之所以受到面试官的青睐，主要是因为他们具有职业素养，而"无经验"的人往往表现为求职目标不明确，工作稳定性差，容易好高骛远、心态浮躁等。

"无经验"造成的工作能力较弱无法逆转，但是你可以通过其他方面，比如，你的专业成绩、实践成绩以及实习成绩等，来证明你虽不具有超强的工作能力，但是足够胜任这份工作。"无经验"在职业素养上的欠缺则要尽量避免，这包括浮躁、好高骛远、漫天要价，还有不了解市场行情、缺乏基本的职场礼节等等。

2. 优秀的综合素质

作为一个接受过正规大学教育的人，你一定具有良好的综合素质，这些将会帮助你在未来的工作中做出很好的成绩。比如说，你有很强的沟通能力、人际交往能力、外语水平和计算机能力，以及良好的品格和深厚的人文素养等等。在面试的时候，你一定要让面试官意识到这一点，让他知道综合素质较高的你能在工作上为公司带来长远的效益。

3. 巨大潜力

经验的欠缺可能让你在短时间内无法给公司带来最大的效益，但是正因为你没有被职场熏陶过，所以你还具备很强的可塑性，这可以使你很快适应将来的工作岗位。同时，刚刚从大学出来的你，具有扎实的专业知识基础，还有着职场老人所不具备的激情，好学、求知欲强，对成功有热切的渴望等年青人的特点。这些都使你这个职场新人具有无穷的潜力。用人单位对于你这样的"种子选手"往往乐于接收。

4. 合理的自我评价

中肯而合理的自我评价可以从多方面说明你不再是一个学生，而是具备了独立思考和分析问题能力的职场人士。自我评价的内容会让面试官从中看出你的谦逊、乖巧、善解人意等良好品质，中肯的评价也能让面试官觉得你是一个诚实的人。

2. 面试怯场怎么办

面试对于刚刚走出校园的应届大学毕业生来说是一个新鲜事物，每当面试来临的时候，心里总会有既兴奋又有一丝害怕的感觉。对于面试成功的渴望更会加重这种感觉。由于不知道怎样应对面试，应届大学生在面试的时候总是会出现怯场的情绪，这种情绪会严重影响其在面试中的发挥。

王鑫2008年毕业于一所普通的大学，当年的就业压力非常大，而她本身又不具备能够胜过他人的优势，所以，求职成了王鑫最担心的事情。在大量地投递简历之后，她收到了一家公司招聘行政策划的面试通知。这个天大的好消息让王鑫非常高兴，而同时又有一点儿担心：她知道能够得到这份面试通知非常不容易，但是她从来没有面试过，并不知道该怎样才能得到面试官的青睐。

王鑫在去面试的路上一直非常紧张，越是接近面试的地点，紧张感越是明显，甚至有一种想要放弃面试的冲动。虽然王鑫勉强抑制住了这种感觉，但是紧张感依然难以消除。强烈的紧张感让她感觉口干舌燥、大脑缺氧。在面试的时候，王鑫手脚不知往哪儿放，甚至都有点哆嗦，在回答面试官的提问的时候，也总是舌头打结。面试结束之后，王鑫暗自咒骂自己的无能，连这样的一个小场面都应付不来。

对于应届大学生来说，怯场是很正常的情绪，毕竟你从来没有经历过面试。对于这样一个完全陌生的事物，任何人都不可能心如止水。怯场的心理不是一下子就可以摆脱的，只能随着面试的经验增多而慢慢地消除。然而，怯场对于面试的消极影响是显而易见的，它会让你在面试时大脑缺氧、呼吸急促，导致脑子里一片空白，无法应对面试官的问题。所以，你必须通过一些小技巧降低怯场对面试的负面影响。只有这样，你才能成功地从面试中胜出，顺利地找到自己的第一份工作。那么，什么样的办法可以帮助我们在短时间内平复心情、缓解怯场的心理呢？

1. 要看淡面试的成败

应届大学生毕业生怀揣着美好的梦想进入职场，他们都希望自己能够顺利地就业，然后一展自己的才华。所以，他们总是把第一次面试看得非常重要。如果面试失败，对于他们来说将会是一个重大的打击。这种求胜的心理给他们造成了严重的心理负担，这是造成怯场心理的一个重要原因。所以，想要降低怯场心理，就必须淡看面试的成败，降低面试在自己心中的重要性。即使面试一时失利，也不要一蹶不振。

2. 对自己要面试的单位做出正确的评价

"有信心不一定赢，没信心一定输。"信心是最重要的，如果你带着不自信去面试，那么你必然会产生怯场的心理。所以，在面试之前，你要对自己的能力和面试公司的要求进行正确客观的评价，以证明自己足以胜任这份工作。有了这份自信，你在面试的时候就不会因担心失败而怯场了。

3. 注意自己的形象

在面试之前，一定要对自己的形象进行精心的设计，这包括发型、服装等等。良好的形象有助于你树立信心。

4. 多做深呼吸

做深呼吸是平复心情的好办法。在快要轮到你面试的时候，一定要多做几个深呼吸，让你那怦怦直跳的心恢复正常的跳动速度。

5. 先声夺人

如果面试的主动权抓在你的手中，怯场心理就会大大地降低。所以，在见到面试官的时候，不妨有意大声地说几句有礼貌的话，这样你的心情会大大地放松。

6. 大胆地说出自己的心理感受

讲出来是舒缓心理压力的重要方法。所以，当出现怯场的心理时，最好是能够大胆地说出来，这样可以降低自己的心理负担，变得轻松很多。

7. 学会抬高自己的心理优势

怯场的一个重要原因就是不自信，当你感觉到自己心里越来越没底气的时候，不妨多去观察面试官的服饰、言语、体态等方面的缺点，借以提高自己的心理优势，这样就会在自觉不自觉间提升自信。

8. 不要过于在意面试官的反应

应届大学生对成功的渴望使得他们在整个面试的过程中对面试官的反应非常关注；一旦他们认为面试官产生不满意、不愉悦的感觉的时候，他们的心理压力就会瞬间变大，心跳加速、局促不安。

虽然说关注面试官的反应可以帮助自己随时调整策略，但那是针对有经验的求职人员来说的，对于应届大学生来说并不适用。关注面试官不仅不能对你的面试有所帮助，还会加大自己的心理压力。所以，在面试的过程中，最好不要对面试官的反应过于在意。

9. 学会控制自己的语速

回答问题的时候一旦紧张，就会越说越快，结结巴巴也就在所难免了。在这个时候，最好的办法就是放慢自己的语速，让每一个字都清晰地从自己的嘴里吐出来。速度放慢了，紧张感也就慢慢降低了，面试官也能够清楚地听懂你要表达的意思了。

10. 学会眼神交流

在面试的过程中，要主动地与面试官进行亲切有神的目光交流，在心理上建立起与面试官平等的关系。如果你在面试的时候始终不敢与面试官进行眼神的交流，那么你就会被对方的气势所压倒，感觉自己矮人一截，这会大大地增加你的紧张感。

毛泽东主席有一句话："战略上要藐视敌人，战术上要重视敌人。"把这句话用在面试上也是非常合适的。只要你能够以平常心对待面试，再加上经验累积，怯场心理将会从你的身上消失。

3. 不要急于推销自己

应届大学毕业生对未来的职场充满了期待，因而会产生急于求成的心理，而这种急于求成的心理表现在面试中就是急于向面试官推销自己：在面试官的面前侃侃而谈，希冀用自己优异的成绩、曾经所获得的奖励、荣誉来证明自己的能力；渴望通过全力推销自己而得到面试官的青睐。然而，越是急于推销自己，结果往往越是事与愿违，急切的推销反而会引起面试官的反感。

一位优秀的大学毕业生去一家合资企业面试，当面试官让他进行自我介绍的时候，他直接就说："我是××大学毕业的，曾经在核心期刊上发表过3篇专业论文，在学校多次获得国际级和省市级的奖励，并代表学校参加过全国性的比赛……"

　　过往的成绩的确值得夸耀，但是如果你一开始就如数家珍般地向面试官喋喋不休地述说这些事情，难免就会有"王婆卖瓜，自卖自夸"的嫌疑。这样的自我介绍不仅不会赢得面试官的欣赏，还会让面试官看轻你。

　　应届大学毕业生对工作的渴望是可以理解的，但是在面试的时候一定要把握住一个度，既要表现出你对工作的热情，又不能显得太热切。热情和热切只有一字之差，但是意义却完全不同。热情会让面试官欣赏，而热切则会引起面试官的反感。

　　马丽是同学中比较幸运的一个，在校园招聘会上就得到了一个很好的面试机会。去面试之前，马丽暗暗告诫自己，一定要表现得从容，切不可太过急切。在办公室门口，马丽深吸一口气，然后敲开了面试官的办公室。

　　马丽落落大方地与面试官进行了礼貌性的寒暄，接着面试进入正题。自我介绍是面试的第一步，马丽是这样说的："我是××大学的毕业生，涉外文秘专业毕业。在学校期间，我成绩一直十分优异，曾经获得过多次院系的奖励。当然，这些成绩都已经过去了，我现在希望自己能够在新的岗位上继续扮演好自己的角色。"

　　这一段话不温不火，既表现出了对工作的渴望，又没有让面试官感觉到她急切地想要得到这份工作。面试官对此非常满意，颔首示意。

　　在面试中，极度渴望与极度冷淡都有可能招致面试官的反感。如果你在面试中始终言语冷淡，面试官由始至终都没有感到你对工作的热情，那么他肯定会非常不高兴；同样，如果你在面试中总是时时地表现出自己希望得到这份工作，从头到尾地一举一动都告诉面试官，你一定要得到这份工作，你这种过度的热情也会让面试官觉得不舒服，甚至会看轻你，认为你缺乏自尊、自重。

其实，热情和热切都是你对工作的渴望的外在表现，只不过是程度不同而已。热情的程度适中，面试官就能够接受，而热切就比较过火，面试官就不能够接受。比如说，你在面试中保持微笑是必要的，这会让面试官觉得如沐春风。但是如果你始终笑个不停，那就会让面试官觉得毛骨悚然了；深思熟虑的分析是可取的，而冗长乏味的陈述则会让面试官感到不耐烦；偶尔真诚的赞美能让面试官心情愉悦，而一味地溜须拍马则会让面试官嫌恶。总之，在面试中，很多方面的举动都是过犹不及，太过夸张的表现总是会给面试官留下一种迫不及待的印象。

语言是在面试中推销自己的最重要的载体，所以，作为应届大学毕业生一定要学会在语言上进行恰当的推销，让你的言谈深入面试官的内心。这样，即使你没有超人的技巧，又无让人刮目的成绩，你也一样可以用自己的热情感染面试官，让录用天平向你倾斜。那么，在面试中，应届毕业生应该怎样推销自己呢？

1. 以面试官为导向推销自己

推销自己的对象是面试官，那么你就必须注重面试官的感受，根据他的需要和感受，恰当地组织自己的语言说服他。因此，在面试中，必须时刻注意面试官对你所说的话的反应，如果他已经露出了不满意的表情，那你就要控制自己说话的内容和方式了。根据面试官的反应随时调整自己的说话内容和方式，需要你具备良好的临场反应能力。

2. 推销自己要有灵活的指向

在向面试官推销自己的时候，一定要坚持灵活的原则：当你所采用的一种推销方式不能够引起面试官的兴趣时，一定要立刻转变，不能在一棵树上吊死。

3. 推销自己要有自己的特色

推销自己能否成功，开头很重要。所以，你必须以有特色的开头引起面试官的注意，并引起他的兴趣，这样你下面的推销才能够更加有效。

4. 真实的你比完美更重要

应届毕业生是求职市场中的弱者，因为在他们的身上总是存在这样那样的不足，这些不足都有可能会成为求职中的"致命伤"。因此，不少的应届大学毕业生总爱用各种办法隐瞒自己的不足。然而，由于手法拙劣，很容易就被面试官看穿，而"不诚实"正好成了面试官拒绝应届毕业生的最好理由。这种"偷鸡不成蚀把米"的行为屡屡在应届毕业生的身上发生。

丁波刚刚大学毕业，早就听别人说没有工作经验非常难找工作，因此，为了弥补自己工作经验的不足，他在自己的简历中添上了几笔虚构的"工作经验"。当然，这些工作经验都是发生在大学期间的兼职，或者是暑期所做的工作。

面试官对于丁波的简历持有怀疑的态度，因为在他看来，一个大学生做暑期工很难进入这么好的企业。再加上他所列举的工作经验太多，这更加引起了面试官的怀疑。于是在面试的时候，面试官一直揪着工作经验的问题不放。最终丁波没能招架住，一切都漏了底，自然工作也就丢了。

从应届毕业生的角度来说，自然是不愿意让面试官知道自己的不足，但是从面试官的角度来说，他当然希望全面了解求职者的所有信息，这其中绝不能包括虚构信息。这两者的矛盾就造成了不少应届毕业生在求职时用谎言去填补自己的"不足"。然而这种办法一旦被面试官

知道，后果可想而知。

在求职市场中，没有一个人是完美的，更何况是刚刚走出校门的应届毕业生？因此，缺陷并不会对应届毕业生的求职造成太大的影响，面试官绝不会苛求应届毕业生非常优秀。如果你偏偏要表现得自己非常完美，那就只能用"此地无银三百两"来形容了。所以，对于应届毕业生来说，求职中最重要的是要展现真实的自我，面试官总是倾向于录取真实的人，而不是完美的人。那么，应届毕业生应该从哪几方面进行努力，才能避免"作假"呢？

1. 放平和自己的心态

应届毕业生总是不自觉地会掩盖自己的缺点，即使是在简历中不做假，在面试的过程中，也可能会极力地为自己的缺陷辩解。之所以会这样，是由应届毕业生在求职市场中的地位所决定的。正因为他们求职难，所以他们才想用自己的优秀来获得认同。所以，对于应届毕业生来说，想要展现真实的自我，首先就要将自己的心态放平和一点。

应届毕业生刚刚步入职场，在融入职场的过程中，多摔几跤是没有坏处的。在找工作的问题上，不努力肯定不行，但努力了也不一定会得到想要的结果。要有这样的心态：只要什么事情都做到让自己满意就行了，没有必要拘泥于面试的结果。

2. 对面试技巧要慎重使用

任何面试技巧都仅仅是起到一个参考作用，看看可以，但是如果不能将自己的思想与之相融合，生搬硬套，将一些所谓的标准答案背下来，那会让你在面试中吃大亏。不同的面试有不同的特点，如果你不能将面试技巧上所提到的面试场景完全还原到你所进行的面试中，那你背下来的答案在你的面试中也不会完全适用。如果你总是用一些面试技巧上的办法来掩盖自己的知识欠缺，那么必然会被面试官识破。

对于应届毕业生来说，实事求是地回答面试官提出的问题才是最重要的，"知之为知之，不知为不知"，切不可打肿脸、充胖子，用一些模棱两可的答案来糊弄事。作为职场新人，你的身上必然要带有职场新人所具有的那种"初生牛犊不怕虎"的精神，这样才显得你是真实的；如果你将自己弄得像"老油条"一样，反而会让面试官对你心生不满。

3. 正视自己的不良记录

不良记录是求职者最不愿意提起的内容，因为它会对面试的结果产生重大的影响。对于本身就没有就业优势的应届毕业生来说，这更是需要隐瞒的事情。这种想法并没有错：如果面试官在面试的时候并没有提起这方面的事情，求职者自然是没有必要主动提起；但是如果面试官有问，最好还是实事求是，因为纸总是包不住火，如果以后被发现，将会对你的职场生涯产生不利影响。

几乎所有的人力资源总监都认为，刻意隐瞒不良记录的行为是不能容忍的，但如果能够坦诚相告，则可以依据具体情况而定，可以给应聘者一个机会改正错误。事实上，对于应届毕业生来说，不良记录也未必会对求职产生什么影响，毕竟你的不良记录和职场并没有什么太大的关联。更何况，身为学生的你在学校时犯的错误是可以原谅的，而且如果你有理由足以证明不良记录并非是你刻意为之，那么就更加不会对你产生什么影响。

总之，应届毕业生是最透明的，也很容易被面试官一眼看穿。既然如此，你就没有必要去精心地包装自己，否则，你的包装非但不能起到好的效果，反而会落下口实，成为用人单位拒绝你的理由。

5. "面霸"要当，万不可过分

应届大学毕业生面临着严峻的就业形势，在这种情况下，应届大学生的求职出现了两种颇具特点的方式：一、不管对方有没有通知面试，自己打听到对方的地址后主动上门，请求给予面试机会。二、不管什么单位一律投简历寻找面试机会。通过这两种方式求职的应届大学毕业生往往具有很多面试的机会，他们被称为"面霸"。

"面霸"的形成与就业形势有很大的关系，可以说是应届大学毕业生在就业形势不客观的情况下无奈的选择，只有通过这种办法，才能提高他们求职成功的机会。所以，有的时候当"面霸"也无不可，也有不少的应届大学毕业生通过当"面霸"获得了工作机会。

王雷念的是 MBA，以前读 MBA 是很有优势的，然而在他毕业的那个时候，MBA 的优势也已经不再了。但是，作为 MBA 的毕业生，王雷心中的傲气还是有的，所以他不愿意屈就。很多同学都找到工作之后，王雷还没有着落。但是他没有气馁，决定当一回"面霸"，给自己多一些机会，总是会有适合自己的工作的。

于是，从毕业那一天开始，王雷就开始了他的"面霸"生活，每天流连于各种招聘会，每天在网上投简历，每天接到面试通知。等到他面试第100家公司的时候，终于一拍即合，拿到了这份工作。

当"面霸"需要坚强的意志和百折不回的勇气，如果你不具备这些素养的话，最好不要考虑通过当"面霸"的方式来争取工作机会。"面霸"只是一种无奈之举，虽然能够帮助应届毕业生成功，但是也不能太过。如果你把做"面霸"当作求职的常态，那么你的求职就只能停留在"面试"的阶段，难以最终获得工作机会。因为，从做"面霸"的两种方式来看，做"面霸"求职成功的机会也不是很大。

第一种，不管对方有没有通知面试，自己打听到对方的地址后主动上门，请求给予面试机会

这种面试方法新颖而又独特，被一些公司接受，因为在一些公司看来，你有勇气前来面试，说明你可能真的具备卓越的能力。但是并不是所有的公司都能接受。通常情况下，每一个公司的招聘都是有计划的，无论是接收简历，还是组织面试，都是在计划之内的，如果你贸然地前去面试，很有可能会给该公司的人力资源部门造成工作上的麻烦，所以，他们可能并不会给你开绿灯，直接对你进行面试。

除此之外，大多数的公司现在对于这样的求职者都是不予理会的，因为现在这种争取面试的方法已经被滥用，在它们一次次地对这样的求职者开绿灯之后，却发现求职的人并没有他们想象中的优秀，失望之余，自然对这样的求职者退避三舍。

第二种，不管什么单位一律投简历寻找面试机会

这种寻找面试机会的办法明显地呈现出一种盲目的状态，既不知道对方是什么公司，也不知道对方招聘什么职位；即使你能够接到面试通知，又有多大的几率会和你想要从事的工作相吻合呢？如果你长期地这样来找工作的话，必然会失去求职的目标；即使你通过这样的面试找到了工作，也有可能很快因为这份工作不适合你而再次加入求职大军中。

所以，从各方面的因素看来，"面霸"已经难以成功地找到工作了。

6. 对应聘的单位不可要求太苛刻

随着高校的不断扩招，应届大学生求职压力越来越大，然而，在这种情况下，一些大学生还以"天之骄子"的身份自居，不愿意降低要求，结果使得自己的要求远远高于招聘单位所能接受的范围，最终造成就业难，甚至有些大学生本已经得到了工作，最终却还是因为苛刻的要求，让用人单位弃之不用。

黄军财务管理专业毕业，在校园招聘会上通过了一家公司的考核，经过层层的考验，最终到了签约的阶段。就业协议书上需要求职者本人签署应聘意见，黄军大笔一挥，洋洋洒洒地在"应聘意见"一栏中写上了如下的要求：1. 从事财会工作；2. 每周 5 个工作日，每个工作日 8 个小时；3. 解决户口问题，提供单身宿舍；4. 劳动保险、养老保险以及住房公积金等由单位负责；5. 每半年调薪一次；6. 公司不得干预个人的进修。这种苛刻的条件，招聘公司无法答应，只能将黄军的就业协议书退回。

现在的求职市场供过于求，从以前的"一个萝卜一个坑"变成了现在的"十个萝卜一个坑"，招聘单位有了更多的选择；如果你对招聘单位的要求还是那么高，那么必然会面对毕业即失业的困境。那么，现代的大学生为何会对用人单位提出如此苛刻的要求呢？又是哪一部分大学生会这么做呢？

1. 现在有不少的大学生盲目自信，认为自己才高八斗，因而好高骛远，眼高手低，造成求职的要求过高。这种现象最容易出现在一些名牌大学的毕业生身上。名牌大学的毕业生与普通大学的毕业生相比在求职上的确存在一定的优势，但是在整个求职市场上却仍然处在弱势地位。如果你认为自己是名牌大学的毕业生就有资格向用人单位提出种种苛刻的要求，那么你就大错特错了。

应届大学毕业生总是排在招聘单位选择列表中的最后面，尽管你是名牌大学毕业，但是你依然是应届毕业生，他们完全可以舍弃你而去选择那些有工作经验的人。再者说，许多单位提供给应届毕业生的职位都是基层的职位，不需要你有多高的才华，名牌大学生能做，普通大学生也能做，他又何必多支付成本来聘请你这个名牌大学毕业生呢？

2. 另外一部分大学生之所以会提出这么苛刻的要求，并非是因为盲目自信，而是迫于生活的压力和自身所背负的责任。一些家庭贫困的大学生的就业问题不仅是自己的就业问题，其中还包含着父母、家庭的希望和寄托。十几年的寒窗苦读，家庭为之倾其所有，这种长线投资需要大学生的快速回报。所以，一毕业，他们就希望能够找到一份好的工作，回报自己的父母和家庭。这样的一份责任不允许这部分大学生"高调低走"。

然而，无论原因是什么，现实的状况是无法改变的，大学生就业难已经是一个不可不面对的问题。如果你还是坚持"高标准"，那么连起码的就业问题都难以解决。为此专家支招，"大学生应该先就业、后择业"。

所谓"先就业、后择业"就是要大学生放下身段、放低标准，先找一份工作，获取足够的工作经验，然后再去重新选择自己喜欢的、符合自己要求的工作。大学生之所以就业难，主要是因为应届大学生身上存在着缺乏工作经验的短板，在这种情况下想要找一份薪酬高、福利好的工作必然是不容易的。所以，应届大学生必须用降低标准的方法为自己争取到一份工作，通过工作弥补自己工作经验上的缺陷，并在这一段时间不断地提高自己的从业能力。等到时机成熟的时候，就可以有选择性地向好工作进发。这种办法虽然曲折，但是却是最适合现代大学毕业生求职的办法，毕竟自身的不足与现实的就业形势是不可改变的。那么，应届毕业生应该从哪几个方面降低自己对招聘单位的要求呢？

1. 不要注重单位的性质和规模

长期以来，国企、外企和事业单位是大学毕业生最愿意进入的单位，这些单位无论从待遇上还是从保障上都比其他性质的单位要优越。但是在就业形势严峻的今天，进入这样的单位难上加难。所以，作为应届毕业生，可以去尝试进入这样的单位，但不能苛求；如果尝试失败，最好放弃，选择其他性质的单位。

单位的规模也是大学生就业的时候会考虑的一个重要方面。大多数的大学生都愿意进入大型的企业，而不愿意进入一些小型的民营企业。事实上，你的第一份工作并不一定非要进入大型的企业，毕竟你的目的不是要在这家公司获得职场生涯上的提升，而是为了获取更多的工作经验、锻炼自己的能力。很多时候，分工并不是很明确的小型企业往往更能够锻炼人，因为你可以接触到多个部门的工作。

2. 降低薪酬要求

大学毕业生的薪酬低已经是不争的事实，据调查显示，目前的大学毕业生的工资基本与农民工持平。在很多大学生看来，这是不公平的，也是难以理解的：寒窗苦读这么多年，换来的结果却是这样，让人难以接受。

然而，现实就是现实，如果你不接受，你就不可能走上工作岗位。所以，在初次求职的时候，在薪水上的要求一定不能太苛刻。只要不是低得太过分，都是勉强可以接受的。关键是你要看这份工作对你将来的择业有没有意义。

3. 不要拘泥于专业对口

在过去，大学生的工作是统一分配的，那个时候专业一定是对口的，但是现在是自主择业，专业对口已经不再那么重要。大学的时候学什么不是最重要的，最重要的是你能做什么。扩招已经导致部分专业呈现饱和的状态，如果你还是坚持要专业对口就业，那你肯定是不可能得到工作机会的。所以，在求职的时候，一定不能拘泥于专业对口。只要是适合自己的，都可以去尝试；大学的专业与你将来从事的行业未必需要保持一致。

7. "拒无霸"要学会反思失败的教训

求职是应届毕业生的头等大事，在没有毕业之前，几乎所有的应届大学生就开始了自己的求职之旅，在网上投简历、去招聘会投简历，然后等着面试通知，进而四处奔波，转战各地参加大大小小的面试。然而，在当今的就业形势下，有不少的大学生带着希望去面试，带着失望铩羽而归，最终沦为"拒无霸"。

这部分屡屡被招聘单位拒绝的"拒无霸"们，是所有正在求职的大学生中最悲惨的，他们的求职遥遥无期，但又不得不继续自己在希望与失望之间徘徊的生活。"拒无霸"的日子给这些应届大学毕业生造成了沉重的经济负担和巨大的精神压力。

金融专业毕业的李凯恰好在经济危机爆发的 2008 年毕业，那一年几乎所有的金融机构都在缩减开支，因此招聘的人数非常有限。著名学府毕业的李凯一直都对求职充满着自信，然而在那一年，他也不幸地沦为了"拒无霸"。

在大学的最后一年，李凯就先后向国内的各大银行和金融机构投过简历，但是最终都石沉大海。后来，仗着自己英语水平很高，他又开始向不同的外资银行投简历，虽然也获得了一些面试的机会，但是最终还是没能被录取。

在那一年里，同班同学都转向和金融有关的其他行业，顺利地就业了。但是心高气傲的李凯就是不肯"屈就"，结果一向优秀的他一次次地被拒绝，成为了班级里为数不多的"拒无霸"。

成为"拒无霸"固然不幸，但是只是将原因归结为外部环境的影响，叹息自己生不逢时并不能解决任何问题。作为"拒无霸"必须要反思自己，找出成为"拒无霸"的原因，只有这样才能摆脱"拒无霸"的生活。

在某种程度上来说，成为"拒无霸"的确和求职环境有关，但是这却不是根本原因，否则别人都能就业，为何只有你一个人难以就业呢？个人的原因才是造成"拒无霸"的最根本的原因。所以，"拒无霸"们在反思自己求职过程的时候，最重要的是要反思自己在求职过程中的行为，而不要仅仅扣住外部环境不放，否则你永远也找不到自己的求职突破口。"拒无霸"可以从以下几方面来反思自己的求职行为。

1. 求职目标

当你临近毕业的时候，你就应该树立一个明确而又符合客观实际的目标，只有这样你的求职活动才能有明确的导向，不至于盲目。

首先，要有求职目标。求职是一项具体的活动，如果没有求职目标作为引导，那么你就会像没头苍蝇一样到处乱碰，自然难以顺利找到工作。有一部分"拒无霸"就是因为缺乏求职目标，所以才成为"拒无霸"的。

其次，要符合客观实际。如果求职目标与客观实际不相符合，那么在实现的过程中必然困难重重。正如案例中所讲的一样，在金融危机的情况下，金融专业的人员纷纷都离开了，还坚持要求专业对口就业，进入银行金融系统，所以才会导致他屡次被拒绝。

这可以从两方面来讲，一是求职目标要与自身的优势相符合，建立在自己的优势上的求职目标更容易实现；二是要与具体的求职环境相符合。当就业形势严峻的时候，你的求职目标必然要随之放低；当就业形势乐观的时候，你可以适当地提高自己的求职目标。在制定求职目标的时候要根据这两者进行适当的调整，不要太僵化。

2. 简历制作

简历在求职中的作用非常重要，它是招聘单位对你产生第一印象的依据。如果你的简历不够完美，那么必然难以给招聘单位留下深刻的印象，更不用提获得面试机会了。所以，拒绝成为"拒无霸"，必须重视简历制作。

简历制作的时候有一个根本的原则，那就是要与招聘单位相符合。不同的招聘单位对简历的要求是不一样的，在制作简历的时候，你必须针对招聘单位的特点和要求，制定一份有个性的简历，而不能用一份简历包打天下。在简历的内容上要注意凸显招聘单位想要看到的东西，这可以通过分析招聘单位、申请岗位的性质得出结论。

做到了以上的两点，你的简历就会帮助你获得面试机会，这个时候你已经把"拒无霸"的帽子甩掉了一半了。

3. 面试过程

面试是最关键的一部分，前面所有的努力能否成功就看这最后一仗。不少的"拒无霸"就是栽在面试这一关上的。所以，"拒无霸"一定要反思自己在面试中有什么不足之处，找到了病根，就可以药到病除了。

面试涵盖的内容广泛，如果进行划分的话，大致可以划分为面试前的准备、面试进行中和面试的结束3个部分：

首先，面试前的准备。面试前的准备包括很多内容，比如了解招聘单位的信息、了解岗位的性质和内容、了解该公司的大致的面试流程、面试中有可能会碰到的问题，以及着装打扮和必备物品等。把些东西都弄明白了，你的面试起码就不再是一场无准备的仗。

其次，面试的过程。如果你曾经多次参加面试被拒绝，那么你必然在面试的过程中，存在着非常明显的不足，而且这个不足是习惯性的，每次面试都会出现。所以，你必须仔细回忆自己的面试过程，看看自己哪一方面做得不好，比如，礼仪，说话的语音、语调、语速和方式，小动作以及紧张的情绪等。

最后，面试的收尾。面试要善始善终，"虎头蛇尾"是不行的，所以你还必须反思一下你每次面试结束的时候是否有不当的举动或者是言语。

8. 被动等待不如主动出击

现在的大学生已经失去了"天之骄子"的地位，也不再是"皇帝的女儿不愁嫁"，因此，如果你还坐等"求贤若渴"的用人单位上门招聘的话，那你必然会成为毕业即失业的那一个。虽然每年毕业之前，很多学校都会有校园招聘活动，但是校园招聘活动远远不能满足所有应届毕业生的就业需求；如果你不懂得主动出击，那么即使有校园招聘活动，你也会成为"剩下"的一个。

在 4 月份，当所有的应届毕业生都陆陆续续地实习归来的时候，该校联系了部分单位前来，组织招聘活动。在招聘单位人员没来之前，他们已经把招聘信息发布给了该校的各个学院，各学院都将这些招聘信息公开贴了出去。

贾君也是该学校的一名学生，他跑到本系的宣传栏处将招聘信息浏览了一遍，选中了自己心仪的岗位，他打算等到招聘单位一到，他就立刻前去洽谈。

过了几天之后，该单位招聘人员果然前来。等到贾君好不容易挤到人头攒动的招聘台面前的时候，负责招聘的人却告诉他："我们那个职位已经招满了。在没来到学校之前，就已经有很多同学主动将简历发到了我们公司，因此，我们提前录取完毕。今天到这里来，只是补录一些还没有招满的职位。"贾君目瞪口呆，后悔自己没有提前出手。

机会转瞬即逝，这用在求职上再恰当不过。现在的招聘单位只要是将招聘信息发布出去，很快就能够收到多过招聘名额很多倍的简历。如果你不能在见到招聘信息之时，就立刻着手准备，那你必然会与机会擦肩而过。机会总是给有准备的人，在僧多粥少的情况下，如果你不能主动出击，那么你必然什么都得不到。

在求职的过程中，每个人的机会都是均等的，关键就看你懂不懂得把握。每天都有无数的招聘信息在你的眼前来回晃悠，而符合自己要求的却只有其中的几个。如果你能及时出手，那么你有可能会抓住它；如果你等着它主动找上你，那么你一辈子也不可能获得心仪的工作。作为应届毕业生，在求职市场中的弱势地位决定了你必须向心仪的工作主动出击。只要你认为那条招聘信息是对你有用的，你就必须以最快捷的方式向招聘单位做出反应，让它了解你，关注你，之后它才有可能会看中你。那么，应届毕业生要怎样主动向心仪的工作发起挑战呢？

1. 树立求职意识

俗话说："早起的鸟儿有虫吃。"大学生求职也是这样，只有及早做准备，才能快人一步，在有限的招聘岗位中，找到自己喜欢的。应届毕业生求职意识淡薄，往往等到毕业的那一刻才开始着急找工作的事情。事实上，在这个求职困难的时代，应届大学生应该及早地为求职作准备。正常情况下，在校的最后一年，学校往往会安排应届毕业生去参加实习，这个时候就是求职开始的时候。那么，应届毕业生应该怎样树立起求职意识呢？

首先，及早做好简历。作为应届毕业生，在大三下学期的时候，就应该准备好自己的简历。简历是求职的第一步，当你发现了自己喜欢的岗位的时候，如果没有简历，也没有办法发出申请。因此，精心准备一份简历是非常重要的。

其次，时刻留心身边的招聘信息。由于还没有毕业，因此不少的应届毕业生还是以学生的身份自居，对求职市场上的信息漠不关心，这样做对求职非常不利。只有时刻留心，才能最快地发现自己需要的求职信息，才能给自己更多的选择机会。所以应届毕业生应该关心求职市场，人才市场的招聘信息、报纸上的招聘或者是听来的招聘信息都应该处处留意。

2. 求职要有持之以恒的韧劲

求职困难决定了应届毕业生求职要有持之以恒的韧劲和永不言弃的决心，只有这样，才能克服困难，突破求职的困境。机会是争取来的，而不是等来的。有的时候你感觉求职的机会已经错过，但是事实上它并没有走远，只要是你愿意争取，还是有机会能够一举成功的。

某毕业生去一场人才招聘会，由于当天的交通状况非常不好，等他赶到的时候，招聘的高峰期已过，很多招聘单位已经收拾东西准备走人了。看到这个场景，他真是灰心了，感觉不会再有机会了。但是当他转了一圈准备回去的时候，突然看到了自己喜欢的岗位，而那些单位正在收拾东西。他抱着试试看的心态向这家招聘单位的招聘人员递出了自己的材料，并解释了自己来晚的原因。

由于求职的人已经散去，没有高峰时段的人挤人，招聘人员饶有兴致地看起了他的材料，并且告诉他两天以后去公司参加面试。后来，他顺利地得到了这份工作。

求职就是这样，只要有一分的希望，就要付出十分的努力。看到了你心仪的工作，就不要犹豫，不要被自己心中的"想当然"给吓住，而应该鼓起勇气，发起挑战，说不定成功就在那一刻。

3. 偶尔当当"面霸"

如果你实在是找不到工作，那么当当"面霸"也是一个不错的选择，总比每天等着天上掉馅饼的机会要大得多。所以，你可以向自己喜欢的单位毛遂自荐，直接向企业的招聘信箱里发求职信。虽然它们并没有说自己要招聘，但是也许它们也正在考虑。只要你恰好符合他们的要求，你就有机会了。

陈勋从一所专科学校的广告设计专业毕业之后，在学校所在的城市求职处处碰壁之后，他决定到上海去碰一下运气，毕竟大城市的机会要多一些。到了上海之后，他去了几场招聘会都没能求职成功，原因就是他的学历太低，忙得热火朝天的招聘人员看一眼他的简历就放在了一边。

这一天，他正在大街上闲逛，正好路过一家广告公司的门口，他把心一横，决定去碰碰运气。见到人事经理之后，他才发现原来这家公司曾经在招聘会上见过。人事经理对他大胆的举动表示出了浓厚的兴趣，经过一番交谈之后，人事经理决定给他一个机会，让他当场为一个商家设计一个平面广告。两个小时的时间，陈勋就完成了广告设计的任务。人事经理对陈勋的能力表示认可，就录用了他。

机会总是属于那些勇于表现自己的人。当你单薄的简历不足以帮助你获得展示自己才能的机会的时候，你不妨主动一点，直接走到你所心仪的单位面前，让他们认识到你的能力。这样，你很有可能会脱颖而出。当"面霸"有时候也不失为一种求职制胜的法宝。

9. 遭遇性别歧视怎么办

性别歧视是就业歧视中的一种，主要体现在一些单位在招聘的过程中，对女性求职者存有偏见，直接打出"限招男生"的要求。据调查显示，有56.7％的女生在求职过程中感到"女生的就业机会少"，更有91.9％的被访女大学生感受到用人单位存在明显的性别偏见。应届大学毕业生本来求职就很困难，性别歧视更使得女大学生在求职中陷入窘境。

今年刚毕业的姚丽一提到求职就气不打一处来，一向优秀的她怎么也想不到自己的性别竟然会成为求职的障碍。有一次，在招聘会上，她向一家体育用品公司投简历，但是那家公司负责招聘的人直接对她说："我们这次招聘只招男生，你还是去看看其他工作吧。"

还有一次，简历投出去了，面试通知也接到了，但是最终还是没能入职，因为当时和她一起面试的人有很多，对方就以公司限制招收女生数量为由将她排除在外。

性别歧视在现代的求职市场上大行其道，一些单位总是或明或暗地歧视女性求职者。之所以会产生性别歧视，主要是因为以下原因：首先，无论是从生理还是心理方面的条件来说，女性似乎都不如男性优越；其次，女性存在家庭、生育等影响职场的问题，这导致了职场局限性的产生。而这些因素正好成为了用人单位拒绝女性求职者的最好理由，甚至有些用人单位在录用女大学生时公然表示："你来我们单位可以，但3年内不许结婚，5年内不许生孩子。"

性别歧视的出现使得本来就就业难的女大学生的处境雪上加霜，为了逃避就业问题，越来越多的女大学生选择了继续求学的道路，考研、考博，希望能够通过这种办法增加自己在求职中的优势，借此与性别歧视抗衡。然而这并没能对求职有什么实质性的帮助，反而让更多的单位敬而远之。面对这样的求职困境，女大学生要怎样才能突破困境，突破"宁选武大郎，不选穆桂英"的"性别歧视"，杀出重围，为自己寻找一份理想的工作呢？

1. 良好的求职心态

很多女大学生从小娇生惯养，没有吃过任何苦，因此在求职的时候往往要求非常高，对一些基层的职位"看不上眼"、对薪酬要求高、福利要好、节假日要齐全、加班不予考虑、工作前景要好、要是自己感兴趣的行业等等。这些要求限制了自己的求职空间，客观上推动了性别歧视。在这种心态与性别歧视的双重作用下，女大学生的求职空间被收窄至极限。

事实上，女大学生只要能够摆正心态，会发现很多自己能够胜任的工作。在女大学生身上有着男士所不具备的优势，比如细致、耐心、亲和力、相对稳定的特质等等。只要能够充分利用，一定可以突破性别歧视的障碍。

2. 理智顺气

性别歧视客观存在，女大学生肯定会碰到，在这个时候，最好不要冲动，而应该保持理智。比如，有些单位在招聘的时候，对女生的要求比男生高。一些女大学生一见到这样的招聘广告，就会气愤填膺，直接质问招聘人员。这样做的后果，肯定是得不到工作。

最好的解决办法是心平气和地与招聘人员进行交涉，如果不能获得满意的答复，还可以拿起法律武器维护自己的权益。总而言之，对于"性别歧视"这个客观存在的现象，女大学生要沉得住气，毕竟生气解决不了任何问题。

3. 打好"性别优势"这张牌

在某些方面，男生的确比女生具有优势，但是同样地，女生也有男生不具备的优势，只要能够充分发掘自己的优势，就一定可以找到满意的工作。一些女大学生过于固执，偏偏去应征那些自己没有优势的职位，这样的话，即使用人单位不存在性别歧视，也难以与占优势的男生竞争。

人力资源专家认为："心思细腻、善于交际又有耐性"，是女毕业生得天独厚的三大优势。因此，行政管理、办公室文职人员等等工作是最适合女大学生的职位，选择这样的岗位去应聘，成功的几率会相应提高。

4. 先礼后兵，灵活应对

女生在求职的过程中如果遇到"性别歧视"，应该本着先礼后兵的原则，灵活应对。为了保证单位的利益，一些公司在招聘的时候，往往会对女性求职者做出种种限制，比如，一些单位会规定女生几年之内不得恋爱、几年之内不能生育等。对于这样的"霸王条款"，你可以选择先答应下来，这样可以帮助你取得工作。等到事到临头的时候，你再反悔也没有关系，因为按照我国的法律规定，用人单位的女员工在"三期"（婚期、孕期、哺乳期）内不能被辞退，且还必须保证其基本的工资福利待遇。所以，到时候，如果单位将你开除，你就可以用法律武器来保障自己的权益。

还有一些招聘人员会在面试的时候询问求职者的隐私，面对这样的情况，也应该本着先礼后兵的原则与其进行对抗。

5. 拒绝附加条件

现在的一些公司看中了年轻漂亮的女性在公关中的作用，因而在招女性职工的时候会增加一些附加的条款，比如说，在身高、长相方面做出规定；占用业余时间出席各种公关活动等。面对这样的附加条款，女大学生绝对含糊不得，一定要坚决拒绝，千万不要为了一份工作而置身于危险的境地。这是保护自己的一种方式。

总之，在"性别歧视"严重的当代职场，女大学生一定要学会利用自身的优势，增加就业的机会；同时也要敢于与"性别歧视"作斗争。只有这样，才能还女大学生一个相对公平的求职环境。